ÉLÉMENTS DE TACTIQUE

A L'USAGE

DES OFFICIERS DE MARINE A TERRE;

PAR M. LAPORTERIE,

Capitaine de frégate.

TOME SECOND.

PARIS,
LIBRAIRIE MILITAIRE DE J. DUMAINE,
LIBRAIRE-ÉDITEUR DE L'EMPEREUR,
Rue et Passage Dauphine, 30.

1860

ÉLÉMENTS

DE TACTIQUE.

Paris,—Impr. de Cosse et J. Dumaine, rue Christine, 2.

ÉLÉMENTS
DE TACTIQUE

A L'USAGE

DES OFFICIERS DE MARINE A TERRE;

PAR M. LAPORTERIE,

Capitaine de frégate.

TOME SECOND.

PARIS,
LIBRAIRIE MILITAIRE DE J. DUMAINE,
LIBRAIRE-ÉDITEUR DE L'EMPEREUR,
Rue et Passage Dauphine, 30.

1860

ÉLÉMENTS DE TACTIQUE

à l'usage

DES OFFICIERS DE MARINE A TERRE.

LIVRE TROISIÈME.

De l'artillerie en campagne; de l'établissement des batteries de côte et des goulets ; notions générales sur la guerre de siége.

CHAPITRE Ier.

Propriétés particulières et importance de l'artillerie en campagne; marche et manœuvres de l'artillerie; choix des positions pour les batteries; emplacements des batteries sur le front des troupes; des couverts ou abris à donner à l'artillerie; principes pour l'engagement de l'artillerie; méthode approximative pour l'appréciation des distances de tir; le feu doit être plus particulièrement dirigé sur les troupes de l'ennemi; du tir par-dessus les troupes; généralités sur les effets du tir et distances auxquelles on l'exécute en campagne; rapidité du tir et temps nécessaire aux différentes armes pour aborder les batteries; du tir pour se faire jour à travers l'ennemi et d'un cas exceptionnel où l'on peut être amené à tirer sur les siens.

Les propriétés particulières de l'artillerie résultent de la faculté qu'elle possède de produire de grands effets à distance et d'être très-meurtrière quand elle tire à mitraille.

C'est par son feu qu'on détruit les obstacles éloignés ; il aide puissamment à l'attaque et à la défense des positions, facilite l'établissement des postes et assure le passage des fleuves ; désorganise les colonnes de l'ennemi ou les retarde dans leurs mouvements offensifs ; porte le trouble et la destruction dans les masses en position ou en retraite ; ajoute à l'impulsion des colonnes d'attaque; protége les déploiements et suffit seul parfois pour maintenir l'adversaire, jusqu'à l'arrivée en ligne de corps en retard.

Il arrive aussi, mais exceptionnellement, qu'on réunisse plusieurs batteries sur un même point, soit pour tenir lieu de troupes encore absentes, soit pour préparer un effort décisif. C'est ce que l'on vit à Wagram, où cent bouches à feu formèrent pour ainsi dire à elles seules le centre de notre ligne de bataille. L'artillerie à cheval, par sa mobilité, est plus apte que toute autre à faire partie de ces grandes concentrations de pièces, qui ne se sont jamais reproduites depuis sur une aussi grande échelle, que nous sachions, et cela se comprend, car il est rare de rencontrer une position de difficile accès, assez étendue pour recevoir un tel nombre de batteries.

L'importance de l'artillerie s'est singulièrement accrue dans ces derniers temps, par les perfectionnements dont cette arme a été l'objet.

Notre matériel de campagne ne s'est composé dans la guerre d'Italie que du nouveau canon rayé de 4 dont le calibre, un peu plus fort que celui de l'ancienne pièce de ce nom, est de $0^{m},865$.

Ce canon porte six rayures, et ses projectiles, dits oblongs, sont munis de douze ailettes en métal tendre.

Les batteries de campagne ne se composaient que de six canons et ne comprenaient point d'obusiers, et on en avait fait des batteries à part, non pas d'obusiers, mais de canons-obusiers de montagne, qui lancent le même projectile que les canons rayés de 4.

Les pièces de 12, du système inventé par l'Empereur, beaucoup plus légères que l'ancien canon de ce calibre, et comptant également six rayons, constituaient les batteries de réserve.

Ces canons paraissent destinés, dans un avenir prochain, à remplacer en partie dans notre armée les pièces de siége.

Enfin, le canon-obusier de montagne rayé était aussi réuni en batteries de 6 pièces, destinées à remplacer l'ancien obusier de $0^{m},12$.

S'il est positif que de nos jours les grands succès ne sont possibles qu'à la condition que les armées aient une artillerie en rapport avec leur force, il n'est pas moins vrai qu'il importe de ne pas s'exagérer les avantages que procure cette arme et d'éviter de trop la multiplier en campagne.

Elle ne manquerait pas de devenir une source d'embarras sérieux, surtout dans les mouvements rétrogrades, qu'elle contribuerait à rendre plus lents qu'il ne conviendrait, et donnerait lieu à des combats sanglants et sans cesse renaissants, pour la défendre contre les entreprises de l'ennemi.

On peut dire que, dans cette question, le trop est aussi ennemi du bien que le trop peu. Il s'agit, en définitive, de ne pas être inférienr à l'adversaire, s'il reste lui-même dans les limites rationnelles à cet égard, limites dont nous avons exposé les règles au chapitre v du livre 1er et que l'expérience semble avoir fait admettre par toutes les armées de l'Europe.

Il semble, au reste, que la meilleure de toutes les combinaisons soit celle qui, en tenant compte des principes, laisse aux troupes la plus grande mobilité dont elles soient susceptibles.

Leur puissance principale, au surplus, réside bien plus dans l'opinion qu'elles ont d'elles-mêmes et de leurs chefs que dans le concours auxiliaire d'une arme qui ne peut toujours suivre leurs mouvements : aussi l'histoire témoigne-t-elle, à toutes les époques, que plus les armées ont été bonnes, moins elles ont eu besoin d'artillerie, tandis que les mauvaises troupes, au contraire, ne s'en sont jamais trouvé suffisamment.

L'artillerie marche toujours avec les troupes, lorsqu'elles sont à portée de l'ennemi ; mais il est de règle de la faire précéder d'un bataillon au moins, ou de quelque cavalerie, dans les colonnes d'une certaine force.

L'ordre qui favorise le mieux les mouvements de l'artillerie est la colonne par section de 2 pièces.

Lorsque des corps prennent position sans déployer, l'artillerie suit leurs mouvements et se tient en colonne par section, soit derrière eux, soit sur le flanc opposé à l'ennemi, mais de manière à ne pas gêner les manœuvres des troupes, dont elle doit rester en mesure de protéger les déploiements et de soutenir, au besoin, la ligne de tirailleurs. Au reste, les manœuvres de l'artillerie ne diffèrent de celles des autres armes qu'en ce que nécessite uniquement la construction du matériel roulant, mais les principes restent à peu près les mêmes pour tous.

Une batterie peut être considérée comme un bataillon ou un escadron, sorte d'unité tactique, manœuvrant à la voix de son capitaine et dont les subdivisions sont les pièces.

En définitive, l'artillerie se déploie pour faire feu ; elle se forme en colonnes par pièce, par section de 2 pièces ou par batterie, pour se mouvoir rapidement ; ses déploiements, ses mouvements de flanc, ses changements de front et de direction s'exécutent par les procédés usités dans les autres armes.

Le choix des positions pour l'artillerie est une affaire assez délicate, qui demande parfois un coup d'œil exercé de la part du chef.

Les considérations déterminantes à cet égard sont principalement relatives à la bonne exécution des feux, à la faculté de se mouvoir librement en tous sens et à la nécessité de faire protéger les batteries par les troupes auxquelles elles fournissent elles-mêmes leur appui.

Les bons emplacements sont en sol solide, quant à la justesse du tir ; mais il faut éviter de se poster en terrains pierreux, parce qu'ils produisent beaucoup d'éclats, fort dangereux pour les canonniers. Un point important aussi, c'est de ne pas se placer de manière à gêner les mouvements de troupes et d'éviter de se faire prendre en rouage par l'artillerie ennemie, tout au moins jusqu'à ce qu'on ait produit les effets demandés.

Il faut avoir des débouchés faciles en avant, en arrière et sur les flancs, dans l'offensive.

Cependant l'un des flancs ou même tous les deux seraient appuyés à des obstacles, qu'il n'y aurait généralement à cela que peu d'inconvénients, pourvu que les communications fussent parfaitement libres en avant et en arrière pour opérer offensivement ou en retraite.

Cette liberté de se mouvoir ne doit pas d'ailleurs empêcher de profiter des abris naturels du terrain quand il en présente ; l'important est qu'ils ne nuisent ni aux bons effets du tir ni à la promptitude des manœuvres.

Les meilleures positions sont celles qui sont un peu dominantes et s'abaissent en pente douce, surtout lorsqu'elles donnent un grand champ de tir, permettent de battre l'ennemi sur ses débouchés et de suivre ses mouvements à distance. On comprend d'ailleurs que ce genre de terrain, qui favorise le tir à ricochet, tient l'adversaire longtemps sous le feu de l'artillerie.

Mais les positions réunissant tous ces avantages sont assez rares, et l'on est souvent obligé d'occuper des hauteurs assez escarpées pour ne pouvoir être ricochées sur leurs pentes trop rapides.

Lorsque, du sommet de hauteurs élevées, on ne peut battre ni leur versant ni leur pied ; que le sol est mou à leur base et ne permet pas le tir à ricochet, il n'y a d'autre moyen d'occuper ces positions que de s'y donner des flancs pour raser et ricocher les points sur lesquels on manque de vues directes, partout où l'ennemi pourrait présenter ses attaques.

Si l'on n'avait à lui opposer qu'un tir de plein fouet en pareil terrain, il n'aurait, en effet, presque rien à craindre pour se masser au pied de la position et y faire ses dispositions pour l'enlever.

On doit considérer, en outre, que le tir sous de grands angles a pour résultat l'enfouissement des projectiles ou leur relèvement vertical en terrain mou, et que la construction des affûts ne permet pas une grande inclinaison de la ligne de tir au-dessous de l'horizon. Ce sont encore là des motifs pour chercher à poster du canon sur les chaînes de collines que l'on rencontre fréquemment sur les flancs des hauteurs, et d'où l'on peut prendre d'enfilade et de revers les attaques de l'assaillant.

En somme, le commandement qu'on exerce des hauteurs n'est avantageux qu'autant que les projectiles peuvent parcourir la profondeur des colonnes de l'ennemi, lorsqu'elles marchent sur la position.

On considère généralement l'artillerie comme étant bien située, lorsque la position qu'elle occupe est élevée de un vingtième à un seizième de la distance des points à battre et formant une pente de deux à quatre degrés.

Les positions dominantes assez élevées conviennent particulièrement quand il s'agit de livrer des combats d'artillerie à distance, parce qu'on y a des vues sur l'ennemi et qu'on parvient parfois à ne lui laisser apercevoir que la bouche des pièces, lorsqu'on peut les établir en arrière de la crête. Ses boulets alors s'arrêtent sur le terrain en pente, ou ricochent sous des angles élevés, ce qui les rend peu dangereux.

Mais cette manière de combattre ne convient plus quand l'adversaire se rapproche ; il devient alors nécessaire de prendre position en avant de la crête. On pourrait sans doute ne pas l'abandonner, en l'aplanissant et, dans certaines circonstances, en se couvrant d'un petit épaulement; mais, en général, il vaut mieux s'abriter sur le versant, d'où le feu balaiera beaucoup mieux les approches de la position.

Les portées considérables et la justesse de tir des canons rayés rendront sans doute plus fréquents les combats d'artillerie à distance, et l'on peut penser qu'elle prendra souvent position sur des points dominants, d'où il lui sera possible de nuire à l'ennemi.

Les effets obtenus à Solférino prouvent combien quelques boulets lancés à propos sont susceptibles d'exercer de l'influence sur les affaires.

Nous en donnons pour preuve le fait suivant : Les Autrichiens avaient réuni sur un même point de grandes masses de cavalerie et paraissaient se proposer d'essayer de couper le corps du général Niel de celui du maréchal Canrobert. Quelques obus, partis d'une distance de 3,000 mètres au moins, ont suffi pour paralyser leurs projets : jamais leurs têtes de colonnes n'ont pu parvenir à se former.

Lorsque la nature du pays s'oppose à l'occupation de positions dominantes, il est de principe de tirer parti des moindres accidents du terrain.

Les petites digues, les bords des fossés, les haies, les blés élevés, les buissons, les cavités, sont autant d'obstacles qu'il faut être habile à utiliser.

Il est aussi de règle de ne jamais s'établir, à portée des petites armes, près de bois taillis qu'on n'occuperait point et où l'ennemi pourrait jeter des tirailleurs.

L'officier commandant l'artillerie ne la poste qu'après avoir préalablement reconnu rapidement la position qu'elle doit occuper.

Il se rend un compte exact du terrain, examine les points de passage et tous les obstacles susceptibles d'entraver ses mouvements.

Il faut aussi qu'il juge sainement la position de l'ennemi, afin de prévoir d'avance les circonstances probables du combat, et il apprécie de son mieux l'intervalle existant entre lui et les points principaux qu'occupe le corps dont il fait partie, de même que les distances qui le séparent de l'ennemi. Son attention se porte également sur les principales communications et les débouchés de l'adversaire. Pour se repérer, il choisit des objets saillants, tels que clochers, fermes, arbres et maisons isolés.

L'emplacement des batteries divisionnaires, lorsque les troupes sont déployées, est aux ailes des brigades ou des régiments, ou en avant des intervalles qui les séparent.

Les positions en avant des troupes sont vicieuses en ce sens qu'elles multiplient leurs dangers inutilement, puisque les boulets adressés aux batteries les atteignent souvent. Mais il n'est pas toujours facile de suivre le précepte contraire dans les batailles, où nous savons que l'on réunit parfois un grand nombre de batteries sur un même point. Il leur faut nécessairement beaucoup d'espace pour déployer, ce qui exclut la possibilité de retirer les troupes sur une aussi grande étendue.

Toujours est-il que des écrivains militaires ont cru pouvoir attribuer l'énormité de nos pertes à Essling,

Wagram et la Moskowa, aux positions prises par l'artillerie en avant des lignes.

Les principes fléchissent parfois à la guerre sous l'empire des nécessités du moment ; l'absolu, nous l'avons dit ailleurs, ne mènerait pas toujours au but. Ainsi, par exemple, il est évident qu'en certaines circonstances l'artillerie devra sacrifier toute autre considération à celle de rester manœuvrante et de rendre son feu le plus meurtrier possible, parce qu'on attend d'elle, avant tout, dc grands effets, à un moment donné.

La distance qui sépare l'artillerie de la première ligne n'est nullement arbitraire ; elle se règle sur la double obligation de conserver l'appui des troupes pour ses flancs et de ne point les exposer à souffrir de l'explosion des caissons. On admet généralement que cet intervalle ne doit pas excéder 200 mètres ni être plus petit que 60 mètres. La première de ces distances est calculée sur la portée du fusil et l'espace nécessaire à la cavalerie pour charger. Quant à la seconde, elle résulte de la profondeur normale des batteries et de la faculté qu'il convient de réserver aux troupes de rompre et de marcher par pelotons, en avant de leur ligne de bataille.

L'artillerie reste habituellement en arrière des troupes qui sont simplement en observation.

Lorsqu'il arrive de détacher des pièces pour soutenir le centre ou les extrémités d'une ligne de tirailleurs, selon le terrain, on y envoie naturellement de l'artillerie divisionnaire de la première ligne, qui prend généralement poste entre les troupes et les tirailleurs.

L'artillerie de la seconde ligne suit ordinairement les colonnes à leur hauteur.

Lorsque le terrain permet à la seconde ligne de rester en position en colonne, à une centaine de mètres environ de la première ligne, l'artillerie se tient en arrière, prête à manœuvrer selon les circonstances.

En plaine, les batteries peuvent marcher déployées.

Quant à l'artillerie de réserve, sa place habituelle est derrière les troupes de la réserve, réunie et formée en colonne par batterie ou par section.

Elle doit toujours être prête à se porter rapidement en avant, soit pour soutenir quelque partie ébranlée de la ligne jusqu'à ce qu'on y ait pourvu autrement, soit pour produire des effets décisifs sur quelque point, etc.

On peut citer, comme exemple de son emploi en grande masse, la prise du village de Kaya, à la bataille de Lutzen, où la garde opéra, soutenue par 60 pièces mises en position sur la crête d'un pli de terrain, entre Kaya et Starsiedel. Cette artillerie foudroya de loin tout ce que l'ennemi osa présenter sur cette partie du champ de bataille.

Lorsque l'éloignement de l'ennemi ne permet qu'à l'artillerie d'agir, les troupes se conforment généralement à ses mouvements. On suit une règle inverse quand ce sont au contraire ces troupes qui sont engagées.

Quand l'artillerie occupe des positions à proximité des troupes, elle en reçoit un appui direct ; mais, en toute autre circonstance, il est nécessaire de lui donner des soutiens spéciaux, dont la force et la composition varient selon le terrain et l'occurrence.

Toutefois une bonne artillerie n'oublie jamais que son sang-froid est ce qui la défend le mieux.

On n'arrive sur elle qu'en désordre ; ses derniers coups, s'ils sont bien assurés, seront d'un effet certain, tirés de près, et beaucoup plus favorables à son salut qu'une retraite précipitée.

C'est ainsi qu'à Hanau l'artillerie de la garde, sous le commandement du général Drouot, repoussa une charge de la cavalerie bavaroise, et ce n'est pas l'unique exemple à citer où les leviers de nos canonniers ont servi à autre chose qu'à manier leurs pièces.

L'intelligence apportée dans le choix des abris pour l'artillerie exerce une influence importante sur les résultats du combat. L'étude de nos grandes guerres démontre cette vérité : aussi s'attache-t-on en campagne à dérober les canons aux vues de l'ennemi par des procédés analogues à ceux employés dans le même but par les tirailleurs.

Les obstacles qui le plus ordinairement servent à masquer les pièces ou à leur servir d'abri sont les chemins peu encaissés, les ressauts de terrain qui divisent les propriétés dans certains pays, les haies, les arbres, les grands blés, les hautes bruyères, les chaussées et les digues, etc.

Les groupes de canonniers présentant un but très-vulnérable aux armes de précision, dont l'usage tend à s'augmenter journellement dans les armées, aucune précaution ne devra être négligée pour les couvrir contre leurs feux meurtriers.

Mais il arrivera souvent que l'artillerie entrera en action sans avoir aucun abri, parce que, pour s'en procurer, il lui faudrait trop s'éloigner des troupes qui la soutiennent et auxquelles il lui est impossible de cesser d'être liée.

Force lui est alors de renoncer à se soustraire plus ou moins aux vues de l'ennemi, et le seul moyen d'amoindrir cet inconvénient est de laisser entre chaque pièce un intervalle de 12, 15, 18 ou 20 mètres selon les lieux, et sans se préoccuper beaucoup de l'alignement, objet tout à fait secondaire pour l'établissement des batteries.

Le terrain seul doit guider à cet égard.

Cette disposition est due à l'expérience, qui a démontré que l'artillerie souffrait beaucoup plus quand on n'espaçait pas les pièces entre elles. Il est cependant présumable qu'il ne sera plus désormais aussi nécessaire de mettre toujours autant d'intervalle entre les canons, car les écarts latéraux des projectiles nouveaux sont beaucoup moins considérables que ceux de l'ancienne artillerie, aux grades distances.

Mais, à portée de mitraille, nous ne voyons pas comment on diminuerait autrement en partie les effets de cette même artillerie. Au reste, ce sera vraisemblablement dans son habileté, son activité, sa décision et son énergie que cette arme puisera les éléments de sa supériorité sur les champs de bataille.

Quoi qu'il en soit, il est certain que quelques pièces bien placées et abritées par des obstacles du moment ont souvent lutté avec avantage et pendant longtemps contre une artillerie beaucoup plus nombreuse.

Le général de Caraman cite, entre autres faits du même genre, une batterie de 12 engagée pendant toute une journée contre des forces supérieures, qui n'éprouva presque pas de pertes, bien qu'elle en fît subir de sérieuses à l'ennemi, parce qu'elle occupait une position dérobée et bien choisie.

Dans une autre circonstance, quatre canons mis en batterie au bord du fossé d'une route soutinrent une canonnade prolongée, pendant laquelle l'une de ces pièces, couverte simplement par une levée de terre provenant du fossé, n'eut personne d'atteint, tandis que les trois autres, forcées de prendre position à une trentaine de mètres du fossé, perdirent neuf hommes, sept chevaux et un caisson.

Ce fait prouve à lui seul l'utilité des abris artificiels, quand le terrain n'en fournit pas de naturels. Rien, au surplus, ne s'oppose à ce qu'on s'en crée dans les positions défensives, car il suffit pour cela de creuser de petits fossés, dont la terre rejetée en dedans forme devant les pièces un petit épaulement de 75 centimètres à 1 mètre d'élévation, et de compléter cette disposition au moyen de deux petites tranchées transversales de 70 à 75 centimètres de profondeur, dans lesquelles entrent les canonniers, qui s'y trouvent abrités en partie des balles et de la mitraille et sont en mesure d'y faire une vigoureuse résistance sur place.

Les Russes adoptèrent ce système à la Moskowa, et nous savons ce qu'il en coûta d'efforts et de sacrifices pour les déloger de leurs positions.

A Lutzen, notre artillerie avait préparé un dispositif semblable, qui eût causé vraisemblablement bien des pertes à l'ennemi, s'il ne se fût décidé à l'abandon de ses positions.

Remarquons en passant que les obusiers sont, en

raison de leur tir courbe, plus faciles à masquer que les canons : aussi est-il rare qu'un terrain quelconque leur refuse des abris.

Il est de principe, au commencement d'une affaire, de n'engager qu'une partie de l'artillerie, afin de forcer l'ennemi à changer plus tard ses dispositions, ce qui n'est jamais pour lui sans inconvénients.

Les premiers feux doivent être assurés, lents et progresser en quelque sorte méthodiquement.

Il importe d'éviter les canonnades bruyantes et inefficaces, qui n'ont souvent d'autre effet que de démoraliser les troupes.

Cette manière de faire souffre cependant quelques exceptions ; lorsqu'il s'agit, par exemple, d'occuper en force une position importante, l'artillerie engage vivement l'affaire, soit contre celle de l'ennemi, soit contre ses troupes en mouvement et encore éloignées.

On procède de même dans les rencontres, toutes les fois que les troupes se trouvent inopinément engagées ou quand il est nécessaire de protéger leur déploiement.

Lorsque l'ennemi se rapproche à bonne portée, distance qui avec les anciens canons de campagne variait de 900 à 1000 mètres, et qui sera plus que doublée actuellement, on augmente l'activité du tir.

A partir de 600 mètres environ, le pointage ne se rectifie guère plus qu'en direction, et l'on tire de but en blanc sur des troupes présentant un certain front.

Les modifications que subiront ces errements seront naturellement en raison des portées considérables et de la justesse de tir des pièces rayées.

Nous examinerons celle-ci dans le courant de ce chapitre.

L'artillerie aux avant-postes ou appuyant une ligne de tirailleurs ne se tient pas trop rapprochée des troupes, afin d'éviter les embuscades et d'avoir le temps de se mettre en défense. Elle répond s'il le faut au canon de l'ennemi ; mais, à moins qu'on ne veuille faire croire à la proximité d'une troupe considérable et imposer ainsi à l'adversaire, auquel cas il faut tirer les premiers coups avec vivacité, on n'engage tout d'abord que peu de pièces à la fois.

Avant de nous occuper du tir, de ses effets et des distances auxquelles on l'exécute, qu'on nous permette quelques mots sur l'appréciation des distances.

Les méthodes suivies jusqu'à ce jour à cet égard ne fournissent guère que des approximations, ce qui fait que le plus communément on commence par tirer quelques coups d'essai, pour rectifier le pointage.

Toutefois l'expérience à fait admettre, comme se rapprochant sensiblement du vrai, les données suivantes :

De 220 à 230 mètres, avec une vue ordinaire, on distingue toutes les parties du corps des hommes. A cette distance, la moitié des balles de l'ancien fusil de munition, dont nous avons encore un grand nombre en service dans la marine, touchait une cible représentant une ligne d'infanterie déployée. La mitraille est extrêmement meurtrière.

De 400 à 480 mètres, les balles du fusil ordinaire sont à peu près sans effet. On ne distingue plus le visage, mais on reconnaît parfaitement la tête, les bras et leurs mouvements. Le fusil s'aperçoit bien.

A 600 mètres, on distingue encore la tête, ainsi que les parties extrêmes du corps.

Le tir à grosse mitraille est assez meurtrier à cette distance.

De 750 à 800 mètres, le corps apparaît comme une forme allongée, les bras ne s'aperçoivent qu'étendus, et les jambes seulement quand on les voit de profil et que les hommes marchent. Lorsque le terrain favorisait les ricochets, le tir à grosses balles de l'ancien canon de 12 produisait encore de l'effet sur les masses.

A 920 mètres, on distingue les files et tous les mouvements des troupes.

Enfin, de 1100 à 1200 mètres, il est encore possible d'en discerner les mouvements ; mais l'appréciation de distances plus petites présente seule quelque certitude.

Au delà de ces limites, il était toujours avantageux de tirer à ricochet avec l'ancienne artillerie, pourvu que le terrain s'y prêtât, et l'on obtenait encore des résultats entre 1000 et 1600 mètres, sur des troupes.

L'ancien canon de 12 et l'obusier de 16c produisaient à 800 mètres des effets encore assez bons, dans le tir à grosse mitraille, et le canon de 8 ainsi que l'obusier de 24 en donnaient de semblables, à la distance de 700 mètres. Ces deux pièces ont l'une et l'autre cessé d'être en service dans notre artillerie de campagne : aussi n'en parlons-nous que pour établir un terme de comparaison avec les effets qu'on obtient des nouveaux canons.

En général, il vaut mieux tirer sur les troupes que

de contre-battre l'artillerie de l'adversaire. Les bonnes troupes, en effet, se retirent rarement parce que leur artillerie est réduite au silence, tandis que cette dernière ne saurait rester en position quand les troupes qui la soutiennent sont contraintes à la retraite.

On évite, autant que possible, de tirer par-dessus ses propres troupes, parce que cela les inquiète et que l'on présente à l'ennemi deux buts à la fois.

Mais il n'est pas toujours loisible de parer à cet inconvénient, surtout en pays de montagnes, où pour protéger des corps qui agissent dans les vallées, il n'y a d'autre moyen que de mettre du canon en batterie sur leurs derrières, d'où seulement on a des vues sur l'adversaire.

Il en est encore ainsi dans les passages de fleuves en avant ou en retraite; car, même lorsqu'on occupe une rive dominante, ce n'est pas toujours une raison suffisante pour qu'on puisse croiser ses feux en avant des troupes, sans tirer au-dessus de leur tête.

L'instant le plus favorable pour démonter les pièces par le tir à boulet, est celui où elles font demi-tour pour mettre en batterie.

Le tir à balles, exécuté à bonne portée, est, au reste, celui qui réduit le plus rapidement l'artillerie à l'impuissance de nuire, parce que son action est de tous les moments, et qu'il détruit promptement les hommes et les chevaux. On ne néglige donc aucune occasion de l'exécuter.

Le principe de la concentration des feux est l'un des plus féconds en résultats avantageux, soit que l'on tire sur des troupes, soit que l'on veuille détruire de l'artillerie.

C'est ordinairement par la convergence des feux de plusieurs batteries qu'on désorganise les masses de l'adversaire, afin d'y pénétrer comme dans une brèche, et d'en battre les tronçons en détail.

Sans aucun doute, des coups isolés et heureux peuvent avoir des conséquences favorables; mais, dans la grande guerre, ce ne sont que jeux du hasard.

Il n'en est pas de même dans la petite guerre, où l'on a parfois recours à ce moyen pour intimider l'ennemi et pour le rendre plus circonspect.

Le tir à boulet cause généralement plus de terreur aux troupes que le tir à mitraille, parce qu'il enlève de longues files d'hommes et de chevaux, et que ces projectiles atteignent souvent la seconde ligne et même les réserves.

Il s'emploie contre le front des colonnes et les lignes déployées.

Ses résultats sont d'autant plus meurtriers que les colonnes sont profondes, et les intervalles qui séparent les subdivisions des lignes en diminuent naturellement les effets destructeurs.

Lorsque l'on tire à boulet pour détruire certains obstacles, la meilleure méthode est de réunir un nombre suffisant de pièces et de procéder par salves.

L'expérience a démontré que, pour détruire des murs, des portes et des barricades, le mieux était de les battre en brèche absolument comme on agit contre des fortifications revêtues en maçonnerie.

Le tir de haut en bas est peu exact aux distances ordinaires ; mais il favorise la longueur des portées.

Le meilleur commandement du terrain est alors d'un centième de la distance, ce qui rend le tir rasant et donne des ricochets nombreux.

Les feux croisés qui atteignent le but d'écharpe sont les plus dangereux, à moins cependant qu'on ne parvienne à déborder l'ennemi, ce qui vaut mieux.

On croise les feux, soit en établissant des batteries à angle droit, soit en les disposant sur un arc concave, disposition préférable en ce sens que les pièces extrêmes seules sont exposées à être enfilées.

Le tir des obusiers est, on le sait, moins certain que celui des canons.

Avec les anciens obusiers, qui vont vraisemblablement cesser de faire partie de notre artillerie de campagne, on tirait à ricochet toutes les fois que la disposition et la fermeté du sol le permettaient. Cela était impraticable pour les canons, parce qu'il eût fallu y employer une charge moins forte que celle de guerre, ce qui eût nui à la rapidité du tir, sans parler des autres inconvénients résultant du saignement des gargousses sur le champ de bataille. Ce n'était donc que dans les siéges que l'on tirait à ricochet avec le canon, à une charge très-réduite et sous des angles variant de 5 à 7 degrés.

Le tir à obus, qui ne commençait guère qu'à 800 mètres sur les troupes, et pouvait s'exécuter jusqu'à 1600 mètres pour incendier des habitations, acquerra aujourd'hui de bien autres proportions avec les canons rayés. Les obus à balles iront même chercher d'assez loin l'ennemi abrité derrière des obstacles; les branches des fortifications, leur terre-plein et les brèches seront inondés de cette terrible mitraille, à la distance de 700 à 800 mètres, à l'aide d'une sorte de tir de précision, ce qui n'empêchera pas la même arme d'envoyer de la mitraille ordinaire, aux petites distances, soit contre le flanc des colonnes, soit aux lignes rapprochées, et l'on sait qu'alors le pointage n'a pas besoin d'être très-soigné pour obtenir des résultats meurtriers.

Notons, en passant, que la mitraille en boîtes ne produit de grands effets qu'entre 300 et 500 mètres; plus près, les balles n'écartent pas assez ; plus loin, elles se disséminent trop et manquent de vitesse.

On conçoit aussi que plus le calibre est fort, plus les balles sont grosses, et, conséquemment, plus elles ont de vitesse.

A 800 mètres, la mitraille de l'ancien canon de 12 était encore redoutable, lorsqu'elle ricochait sur un terrain dur et uni.

Dans les meilleures circonstances, la moitié des balles atteignait alors le front d'un escadron déployé et le tiers seulement celui d'un demi-bataillon en ligne.

Généralement on préfère le tir à obus ou à boulet sur les têtes de colonnes, surtout quand on peut les enfiler dans toute leur longueur. Le tir à mitraille, à grande distance, ne s'exécute guère que sur des troupes déployées ou des lignes de tirailleurs assez étendues.

En terrain accidenté ou peu résistant, il faut nécessairement pointer haut pour atteindre de plein fouet, et alors les balles n'ont pas assez de vitesse pour nuire à la distance de 800 mètres. On ne tire jamais à mitraille sur des têtes de colonnes de subdivisions moindres qu'une division; mais il n'en sera pas de même avec les obus à balles que les canons rayés de 4 lancent avec une justesse très-grande jusqu'à 700 et 800 mètres, et dont les éclats seront très-dangereux.

Les anciens obus de 16, moyennement, éclataient en 16 ou 18 morceaux, dont quelques-uns étaient projetés au delà de 200 mètres. Leur charge, à la vérité, était plus forte que celle des projectiles du canon rayé, dont les débris, sans avoir peut-être la même vitesse que ceux des obus sphériques, seront cependant très-meurtriers.

La faiblesse de la charge du projectile nouveau ne nuit pas aux effets qu'il produit dans les revêtements en maçonnerie, où il pratique des brèches avec plus de succès que les anciens mobiles; mais il ne paraît pas qu'il ait donné des résultats aussi satisfaisants contre les retranchements en terre. C'est, au reste, encore une question à l'étude.

Avant d'exposer ce que nous savons des portées et de la justesse du tir des canons rayés, d'où l'on pourra conclure les effets probables de cette nouvelle artillerie, groupons quelques faits touchant les résultats qu'on obtenait autrefois, afin d'établir un point de départ aux comparaisons à faire entre les deux systèmes.

Des expériences, pratiquées sur un but de 29 mètres de largeur et 2 mètres de hauteur, ont permis ds constater que l'ancien canon de 12 avait trois fois plus de chances d'atteindre que celui de 8, à la distance de 1200 mètres, et cependant l'une et l'autre pièce frappaient le but une fois sur quatre, quand le panneau était élargi de 10 mètres.

A 500 mètres, les deux tiers des coups du canon de 12 touchaient une ligne d'infanterie, tandis que la moitié seulement des boulets de 8 y arrivait.

A 900 mètres, distance à laquelle l'artillerie a souvent combattu dans les batailles du premier Empire, la probabilité de toucher ce même but était réduite à peu près de moitié.

Le boulet de 8 avait encore assez de vitesse pour enlever une file de 8 hommes.

Quant aux effets de tir des obusiers, ils étaient satisfaisants avec le tiers de la charge de guerre, contre des troupes abritées derrière des obstacles.

Le projectile restait le plus souvent où il tombait, et éclatait sur place, ce qui le rendait fort dangereux.

On admettait que trois ou quatre pour cent des fusées s'éteignaient dans le tir de plein fouet; cette proportion s'élevait à 10 ou 12 pour cent dans le tir à ricochet.

Lorsque les obus éclataient dans les parapets, surtout dans le voisinage de leur crête, ils les détruisaient beaucoup mieux que les boulets.

La moyenne de leurs éclats était, comme nous l'avons déjà dit, de 16 à 18 morceaux, et l'on a pu écrire qu'on en voyait aller jusqu'à 300 mètres, ce qui, croyons-nous, ne devait se produire qu'exceptionnellement.

Ils pénétraient de 0m 75c à un mètre dans les terres et y formaient, en éclatant, des entonnoirs d'un mètre trente cinq centimètres à deux mètres, lorsqu'ils ne s'étaient pas enfoncés trop profondément.

M. le général de Caraman, à qui nous empruntons ces renseignements, cite encore l'expérience suivante, faite contre un épaulement de 20 pieds de hauteur sur 18 pieds d'épaisseur :

« 6 obus de six pouces et 28 de 24, tirés avec un canon de 24, à la charge d'une livre de poudre seulement, pratiquèrent une brèche de 26 pieds de large au bas, et de 8 au sommet. La cavalerie pouvait y passer, et cependant un quart des obus n'avait pas éclaté. »

Ce que nous venons d'exposer témoigne combien l'exactitude du tir variait avec la différence des calibres de l'ancienne artillerie de campagne à diverses distances, et permet d'apprécier les effets du tir à obus sur les fortifications en terre. Cela suffit pour faire remarquer les différences essentielles qui résultent de l'emploi des pièces rayées. Examinons d'abord ce qui concerne les canons de 12 et de 4, qui paraissent devoir former à eux seuls le matériel de l'artillerie de campagne, avec l'adjonction d'un canon-obusier de montagne, également du calibre de 4.

L'ancien canon de 12 de siége, rayé, a donné des portées de 5,000 mètres. Nous ne citons ce fait que comme résultat d'expériences et, en quelque sorte, pour mémoire, parce que le seul canon de 12 rayé qui ait paru sur les champs de bataille d'Italie est celui du modèle dû à Sa Majesté l'Empereur.

Cette pièce, très-légère pour son calibre, paraît non-seulement devoir fournir un excellent élément d'artillerie de réserve dans les armées, mais encore être susceptible de servir même comme canon de siége.

Le tir du 12 rayé, contre des troupes, donne des résultats satisfaisants à la distance de 3,600 mètres.

Les pénétrations de ses projectiles, à la charge au sixième, sont de 1m,20 centimètres, à une distance que nous ne pouvons préciser.

La bonne portée de tir à obus à balles est de 800 mètres, et à 400 ou 500 mètres son tir à mitraille est très-meurtrier.

Le poids du boulet est de 12 kilogrammes.

Le canon de 4 rayé de campagne, dit du système Lahitte, donne des portées maximum de 3,000 à 3,600 mètres.

Ses effets sont très-efficaces sur des troupes à 2,500 mètres, et la rectitude de son tir apparaît par ces faits : que de 600 à 800 mètres, les écarts latéraux de ses projectiles ne sont que de 60 centimètres; à 1500 mètres, de 3 mètres, et à 3,000 mètres de 10 à 12 mètres au plus. De 400 à 500 mètres, sa mitraille produit de bons effets.

Ses projectiles pèsent 4 kilogrammes, et le poids de la pièce n'est que de 300 kilogrammes. A 700 ou 800 mètres, le tir de ses obus est très-meurtrier.

Tout ce que nous savons des éclats de l'obus, c'est que son culot reste habituellement intact et que son avant se divise en trois ou quatre morceaux.

Les pénétrations dans la maçonnerie nous sont inconnues; il reste encore des expériences à faire à ce sujet, de même qu'à l'égard du tir sur des fortifications de campagne, qui n'aurait pas donné des résultats aussi satisfaisants que ceux produits par les anciens obus, ce qui paraît provenir de la faiblesse de la charge du projectile nouveau.

Ce que nous avons dit des effets désorganisateurs causés par quelques obus adressés à la cavalerie autrichienne, à Solférino, à une distance d'au moins 3,000 mètres, prouve que désormais l'artillerie possède des moyens de destruction d'une grande puissance. Son rôle s'agrandira singulièrement sur les champs de bataille, où le coup d'œil de ses chefs, leur décision, l'habileté des canonniers, l'audace de tous et une grande mobilité dans les manœuvres, seront autant de causes de succès.

Quant au canon-obusier de montagne, destiné à remplacer l'ancien obusier de 12 centimètres, il donne des résultats encore peut-être plus remarquables, eu égard à son poids total de 100 kilogrammes et à son peu de longueur. Il lance le même projectile que le canon de 4 rayé, avantage considérable à tous les points de vue.

Ses portées maximum sont de 2,800 à 3,000 mètres, et son tir est juste aux distances de 1500 à 1800 mètres. Même au delà, ses déviations ne dépassent pas dix mètres à droite ou à gauche.

Nous ignorons si cette pièce a tiré à mitraille ou des obus à balles ; mais ce qu'on connaît déjà de ses propriétés nous fait espérer que la marine ne tardera pas à l'approprier au service de ses compagnies de débarquement et à l'armement de ses embarcations, en remplacement de l'obusier de 12 centimètres, dont il a bien fallu se contenter jusqu'à ce jour, faute de mieux.

Nous avons exprimé, au commencement de ce chapitre, la pensée qu'il y avait des probabilités pour que la pièce de 12 rayée remplaçât les canons de siége, au moins dans beaucoup de cas.

Cette bouche à feu servirait alors à deux fins, et l'artillerie de campagne ne se composerait que de 3 calibres : le 12, pour la réserve, le canon de 4 et le canon-obusier de 4, ce qui simplifierait les questions relatives aux approvisionnements de munitions, tout en donnant aux troupes en campagne des moyens d'action contre des obstacles qu'on ne pouvait battre autrefois qu'avec des pièces de siége.

Il y a cependant eu à l'armée d'Italie un certain nombre de canons de siége de 24 rayés ; mais nous croyons savoir que ces pièces n'avaient pas été préparées pour la circonstance. On s'en était servi d'abord pour des essais concernant les rayures, puis on en prépara un certain nombre, en prévision d'une attaque contre Cronstadt, qu'elles eussent incendié vraisemblablement, car elles ont accusé des portées de 6,500 mètres avec des écarts maximum de 20 mètres à droite ou à gauche.

A 1500 mètres, ces canons portent presque sur le même point, à tout coup, et l'on peut dire que les déviations de leurs projectiles sont à peine appréciables. Les pénétrations sont de 1m60 à 1m80 centimètres dans la maçonnerie, à une distance d'ailleurs qui nous est inconnue.

Bien qu'on ne se soit pas servi de ces pièces dans nos dernières guerres, nous inclinons à croire qu'elles pourraient être d'un utile emploi en certaines circonstances ; mais le canon de 12 rayé paraît, en définitive, devoir suffire souvent pour battre en brèche.

Il nous semble résulter de ce qui précède que la

sphère d'action de l'artillerie de campagne s'est considérablement agrandie. Son tir, beaucoup plus juste que celui des pièces à canon lisse, atteint l'ennemi à des distances triples ; elle exercera donc ses effets meurtriers et désorganisateurs sur les troupes pendant plus longtemps ; et si, comme l'a dit l'empereur Napoléon Ier, l'infanterie, si brave qu'on la suppose, ne saurait marcher 1000 à 1200 mètres sur 16 pièces de canon bien servies, sans avoir vu ses hommes tués, blessés ou dispersés, avant d'avoir parcouru les deux tiers de cette distance, ce qui était vrai à cette époque le sera encore bien plus aujourd'hui.

Cette réflexion nous conduit à examiner quelle est la rapidité du tir et le temps nécessaire aux différentes armes pour aborder des batteries en position.

Avec l'ancienne artillerie, des canonniers exercés pouvaient tirer deux coups par minute, en rectifiant le pointage.

Mais on estimait cependant qu'il ne fallait pas moins d'une minute par coup pour un tir exact.

Rocquancourt a écrit, dans son *Cours d'art militaire,* que l'on pouvait tirer quatre coups dans une minute sans pointer, et M. de Presle dit même qu'il est possible d'envoyer jusqu'à six coups dans cet intervalle, ce qui, ajoute-t-il, pouvait être utile en certains cas.

On n'y arrivait vraisemblablement qu'en n'écouvillonnant que tous les deux ou trois coups, méthode qui aurait parfois été pratiquée dans nos grandes guerres, mais dont l'emploi ne paraît pas devoir être pratiqué, parce qu'il compromet trop la vie des canonniers.

Nous ne nous chargeons pas de décider où est l'exacte vérité dans ces diverses assertions; mais il est évident que la promptitude du tir tient beaucoup au genre de pièces qui l'exécutent, à leur mode de chargement, au sang-froid et à l'activité plus ou moins grande des artilleurs.

Il est probable qu'il en est des canons comme des fusils rayés : il faut plus de temps pour les charger que les canons lisses ; mais en supposant que cette opération soit d'un tiers plus lente, ce qui nous paraît excéder les limites à cet égard, il existe une telle différence dans les portées et l'exactitude du tir en faveur du canon rayé, qu'on peut affirmer que ces avantages feront plus que compenser l'inconvénient signalé.

Le temps que mettent les troupes pour arriver sur l'artillerie dépend évidemment de la nature du terrain qu'elles ont à parcourir et de la vitesse des différentes armes, aux diverses allures.

On admet qu'une bonne infanterie peut parcourir 600 mètres environ, en sept minutes, au pas accéléré.

Elle franchira la même distance à la course, en la moitié moins de temps à peu près, et c'est ce que ne manqueront certainement pas de faire des tirailleurs attaquant des pièces.

La cavalerie, en terrain ordinaire, traversera le même espace en deux minutes tout au plus.

Bien que ces données ne soient pas d'une exactitude rigoureuse, elles suffisent cependant pour déterminer d'une manière assez approximative les moyens que possède l'artillerie de combattre par ses feux les attaques de l'infanterie et de la cavalerie.

Rappelons, en terminant ce chapitre, qu'il est pour l'artillerie, comme pour les autres armes, des circonstances critiques où elle doit savoir puiser dans son courage et son dévouement la résolution d'attaquer l'ennemi en désespérée, pour faire brèche dans ses lignes et s'y ouvrir un passage de vive force, ainsi qu'aux troupes qui la suivent.

La grande mobilité de l'artillerie à cheval la rend naturellement plus propre à exécuter ces coups d'audace.

Elle s'approche rapidement à petite portée de l'adversaire, en maintenant entre ses pièces un intervalle de 18 à 20 mètres environ ; met le plus vivement possible en batterie et ouvre un feu convergent sur la partie de la ligne qu'il s'agit de traverser.

Ce genre d'action, qui demande sans nul doute beaucoup de vigueur, est pourtant moins meurtrier pour l'assaillant qu'on ne pourrait le supposer, car le tir est presque toujours assez haut pour qu'on soit sous le coup à 400 ou 500 mètres.

Il nous vient à la mémoire un épisode de nos guerres d'Afrique, qu'il est peut-être utile de relater ici.

La présence d'esprit n'est pas commune dans le danger ; le souvenir d'un précédent peut donc aider à prendre une résolution dans une circonstance analogue.

A l'affaire de La-Makta, les Arabes s'étant rués en grand nombre sur notre arrière-garde, beaucoup de nos blessés tombèrent entre leurs mains ; selon leur usage barbare, ils se mirent à leur trancher la tête ; un officier d'artillerie, témoin de cet affreux spectacle, n'hésita pas à leur adresser quelques obus qui les dispersèrent, et donnèrent le temps à quelques braves de tous les corps de faire sur eux une charge à fond, à l'issue de laquelle nos malheureux compatriotes furent dégagés.

Il peut donc arriver que le meilleur parti à prendre soit de tirer sur les siens, pour les soustraire à un plus grand danger.

CHAPITRE II.

Principes pour l'emploi de l'artillerie dans l'offensive; attaque des retranchements, des villages et des villes; défense des retranchements et autres obstacles; de l'artillerie en position; défense des villages et des villes; précautions à prendre contre les surprises; protection des carrés et tactique de l'artillerie dans l'attaque, la défense et le passage des défilés en retraite; du passage des fleuves, de vive force; de leur défense et de leur passage en retraite; de l'escorte des grands convois; utilité des réserves de l'artillerie.

En général, la hardiesse et la mobilité ajoutent beaucoup à la puissance de l'artillerie ; mais cependant certaines saillies de courage, qui réussissent aux autres armes, ne lui sont permises que très-exceptionnellement, bien qu'il lui soit arrivé parfois de s'illustrer par une audacieuse témérité.

Sa force réside principalement dans la justesse et la vivacité de son tir, surtout lorsqu'elle sait prendre des positions d'où elle puisse l'exécuter longtemps avec sécurité.

Les qualités qui la distinguent sont d'être manœuvrière, patiente, douée d'une valeur froide et d'une constance inébranlable.

Il est de principe de ne point disséminer ses feux, qui ne sont redoutables que réunis. On ne doit point mettre en action moins de deux pièces à la fois, sinon le feu manque de vivacité.

Des militaires expérimentés pensent qu'il ne faut pas moins de huit pièces réunies pour que des troupes ne puissent marcher sur elles impunément.

C'est, au reste, par la réunion de plusieurs batteries que l'on prépare dans les batailles les attaques décisives, ou que l'on produit tous autres grands effets.

Les combats d'artillerie contre artillerie n'aboutissent, le plus souvent, qu'à consommer des munitions et à augmenter la destruction du matériel

C'est plus particulièrement sur les troupes que les feux doivent être dirigés, excepté quand ceux de l'ennemi sont tellement meurtriers qu'ils opposent un obstacle invincible aux mouvements des troupes, ou qu'on court risque soi-même de voir ses pièces démontées

Alors, il faut bien se résoudre à faire taire le feu de l'adversaire, et l'on y procède en battant chacun de ses canons, au moins par deux ou trois pièces.

Lorsque l'artillerie marche en avant des colonnes, et qu'elle doit protéger leur déploiement, elle se porte vivement sur les points d'où elle peut le mieux accomplir cette tâche, et ouvre un feu nourri contre l'ennemi.

Quand elle marche avec les troupes en colonnes,

sa tactique, dans l'offensive, consiste à gagner sur les ailes et vis-à-vis les grands intervalles de la première ligne, assez d'espace en avant pour avoir le temps de faire feu avant que les troupes l'aient rejointe.

Cela n'est difficile qu'en apparence, car pour une artillerie exercée, il ne s'écoule guère que 17 à 18 secondes entre l'envoi du premier coup et le commandement d'exécution, pour faire demi-tour et mettre en batterie.

Les batteries continuent ainsi une série de mouvements successifs en avant, jusqu'à ce que l'infanterie occupe les positions où elle doit combattre. Elles prennent alors poste à 200 mètres environ en avant des grands intervalles et continuent leur feu, en évitant de masquer les troupes, qui ne doivent pas être gênées pour ouvrir le leur.

Lorsque l'attaque a lieu par des troupes déployées, l'artillerie exécute des mouvements alternatifs en avant, par batteries, s'il y en a beaucoup de réunies, et demi-batteries ou par sections, dans les circonstances ordinaires.

Les feux en retraite s'opèrent d'après la même méthode, mais ils demandent beaucoup d'ordre et d'aplomb.

Dans les attaques à la baïonnette, les batteries prennent position sur les flancs des attaques, prêtes à protéger la retraite, s'il en est besoin.

L'artillerie de campagne participe, à l'occasion, à l'attaque des retranchements, bien qu'on y emploie fréquemment des pièces de la réserve, dont le calibre est plus fort.

Les nouveaux canons rayés augmenteront beaucoup les moyens offensifs à cet égard ; leur grande portée permettra de trouver plus facilement des positions dominantes, d'où l'on verra l'intérieur des retranchements, condition difficile à remplir quand l'emplacement des ouvrages a été bien choisi, et qui importe beaucoup au succès de l'attaquant.

Il est, au reste, fort difficile d'enlever des retranchements bien situés et convenablement défendus ; les secours de l'art et l'emploi de forces supérieures y sont nécessaires.

L'artillerie tire à boulet et à obus pour démolir des parapets, des abatis, des palissades, etc. Elle cherche à s'établir sur le prolongement des parapets, afin d'enfiler les pièces de l'ennemi et de les démonter, pendant qu'elle inonde d'obus les terre-pleins par ailleurs, pour incommoder et tâcher d'ébranler les troupes de la défense.

On conçoit que les positions dominantes y aident singulièrement, et que lorsque l'artillerie des retranchements tire à embrasures, il est beaucoup plus difficile de la démonter que lorsqu'elle est disposée à barbette.

Il peut arriver même que l'attaquant n'ait d'autre moyen de réussir que d'élever, pendant la nuit, des épaulements pour se couvrir. C'était généralement à 600 ou 700 mètres que l'on se créait ainsi des abris pour les canons lisses, mais on conçoit que désormais on pourra tirer de 1500, 1800 et même 2,000 mètres, en ayant encore de bonnes chances pour atteindre l'ennemi.

Cependant, comme il est vraisemblable que la défense

aura aussi des pièces rayées, on n'en devra pas moins songer à se couvrir contre ses feux, en certaines circonstances. Toujours est-il qu'à défaut d'épaulements, le meilleur et souvent l'unique moyen de réduire au silence l'artillerie des retranchements, est de lui opposer un plus grand nombre de pièces, d'un calibre supérieur, s'il se peut. Leurs feux se dirigent de face et de flanc ; les plus forts calibres tirent aux embrasures, et les plus faibles enfilent les prolongements et accablent de projectiles l'intérieur des ouvrages. Lorsqu'il est possible de s'approcher de ceux-ci, à l'abri de rideaux quelconques, le meilleur des procédés pour nuire à l'ennemi, derrière ses retranchements, est de les inonder de projectiles creux, tirés à charge réduite et sous l'angle de 15 degrés.

On bat aussi, des positions dominantes qu'on a occupées, les points où la défense réunit ses réserves, de même que les communications par lesquelles des secours pourraient lui arriver.

Lorsque l'emploi simultané de tous ces moyens fait penser que l'attaque de vive force doit être exécutée, un certain nombre de pièces s'approchent vivement des ouvrages et y dirigent de front et de flanc un feu vif à mitraille. On essaie d'atteindre aussi les défenseurs abrités derrière les parapets, par un tir plongeant à obus, à la charge réduite d'un tiers.

Quand les approches des retranchements sont défendus par de l'infanterie postée derrière des abatis ou tout autre obstacle, on commence toujours par l'en déloger, en lui envoyant des obus et de la grosse mitraille.

Les batteries qui auront pu continuer leur feu sans nuire aux mouvements des troupes, de même que les pièces qui seront parvenues à prendre une position rapprochée des ouvrages, ne cesseront de tirer qu'à l'instant où les colonnes d'attaque donneront l'assaut.

Si l'on est repoussé, l'artillerie recommence son feu pour favoriser la retraite ; mais, comme de bonnes troupes ne se laissent pas toujours décourager par un premier revers, on a la précaution de tenir prête une réserve d'artillerie rapide, qui prend vivement position pour protéger la nouvelle attaque.

Lorsque l'on réussit à emporter les retranchements, il est de règle de s'emparer immédiatement des pièces qu'y a laissées l'ennemi et de les tourner contre lui. Si l'on est forcé de céder à un retour offensif, il faut, en évacuant les retranchements, emporter les écouvillons et autres objets d'armement et détruire le plus possible ce qu'on est contraint d'abandonner.

Dans l'attaque des villages, l'artillerie s'établit d'abord de manière à faire taire ou à dominer les feux qui en défendent les approches.

Il est de principe de profiter de toutes les positions qui permettent de battre d'écharpe l'artillerie ennemie par des feux convergents, et d'enfiler, s'il se peut, ses communications.

C'est par une combinaison intelligente de tous ces moyens réunis que l'on prépare le mieux l'attaque de vive force.

Le tir courbe des obusiers y est encore très-avantageux, pour atteindre les défenseurs derrière des murs, des déblais, des maisons, etc..., car on sait que, pointés sous l'angle de 15 degrés, avec une charge réduite, les projectiles restent souvent où ils tombent et éclatent sur place.

On emploie aussi la mitraille à grosses balles pour déloger les tirailleurs embusqués dans des jardins, des broussailles et derrière des murs, des fossés, des haies, etc.

Comme moyen complémentaire des dispositions précédentes, l'artillerie tire à ricochets très-rasants dans le prolongement des issues découvertes, afin d'inquiéter les réserves et de balayer les communications intérieures. Mais, s'il faut absolument traverser le village, après l'avoir conquis, on met tous ses soins à ne pas l'incendier.

Les procédés employés par l'artillerie, dans l'attaque des villes non fortifiées régulièrement, reposent sur les principes que nous venons d'exposer relativement à l'attaque des villages.

Il est rare qu'il n'existe aucun point dominant d'où l'on puisse couvrir d'obus quelque partie faible de la ville.

La première chose à faire est donc de s'y établir de manière à produire de là les effets principaux pendant qu'on inquiète l'ennemi ailleurs par des diversions ou des démonstrations de troupes et d'artillerie, menaçantes pour sa retraite.

En définitive, l'artillerie, comme toujours, s'ingénie pour se procurer des prolongements et se poster de manière à pouvoir battre de flanc et d'écharpe la position de l'ennemi.

C'est pour elle une règle invariable de ne rien négliger pour se couvrir à la hâte d'épaulements et de masquer ses pièces de façon qu'on n'en voie que la bouche, toutes les fois que cela est possible.

Les anciens canons de 12 ne réussissaient pas toujours à faire brèche dans certaines parties de murailles reconnues faibles, et l'on était parfois obligé d'y employer un calibre plus fort.

Mais il n'est pas probable que le même inconvénient se produise souvent avec les pièces de 12 rayées.

Dans tous les cas, les brèches ne doivent pas avoir moins de cinq à sept mètres de largeur pour être convenablement praticables aux troupes attaquantes, dans la circonstance dont il s'agit.

Le discernement avec lequel l'assiette des retranchements a été choisie influe naturellement beaucoup sur leurs facultés défensives.

En thèse générale, il importe que tous les points par lesquels l'ennemi peut exécuter ses attaques soient battus par l'artillerie des ouvrages.

Il faut, en outre, pouvoir mettre obstacle à l'occupation des positions favorables à l'artillerie des assaillants.

Le plus souvent, on place les plus forts calibres aux saillants, afin de battre les attaques de plus loin.

Il suffit d'ailleurs que les flancs et les rentrants soient garnis de pièces susceptibles de bien raser les saillants et d'agir vigoureusement contre les colonnes d'attaque, surtout quand elles arrivent à portée de leur mitraille.

Comme les saillants sont les points faibles des fortifications et que c'est ordinairement sur eux que l'ennemi dirige ses attaques, ils sont plus exposés à être enlevés que les rentrants. Cette considération fait qu'on n'y place qu'une partie de l'artillerie, quantité déterminée par la convenance d'en répartir au moins le double dans les rentrants.

C'est une règle invariable de conserver quelques pièces légères en arrière des ouvrages ou de leurs intervalles. Cela donne les moyens d'agir énergiquement, au besoin, sur quelque point faible ou compromis, et l'on a vu souvent les effets imprévus d'une artillerie employée ainsi, avoir pour résultat d'arrêter un succès prononcé de l'ennemi.

Le choix du tir à barbette ou à embrasure dépend de la nature du terrain sur lequel peuvent s'exécuter les attaques.

Lorsque leur direction est nécessairement prévue, le tir à embrasure est préférable. Il en est ainsi, par exemple, dans la défense des points sur lesquels on ne peut arriver que par une route unique, tels qu'une digue, une chaussée dans les marais, un pont, etc.

Le tir à embrasure a encore une raison d'être quand il est loisible à l'ennemi d'occuper quelque position d'où il apercevrait l'intérieur des ouvrages

Mais, en toute autre circonstance, le canon à barbette vaut mieux, parce que cette disposition donne un champ de tir beaucoup plus étendu.

Cependant, alors qu'on adopte cette façon de procéder pour les saillants, il est encore possible de tirer à embrasure, dans les rentrants.

M. le général de Caraman, que nous avons déjà eu l'occasion de citer à propos de l'emploi de l'artillerie en campagne, et qui a traité spécialement cette question en homme de guerre expérimenté, pense que dans certaines positions retranchées, très-exposées, il peut être préférable de ne point placer d'artillerie dans les saillants. Il conviendrait alors, ajoute le général, après avoir distribué les pièces dans les rentrants et les intervalles qui séparent les redoutes ou autres ouvrages, de couvrir l'artillerie d'épaulements disposés de manière à créer une sorte de courtines formidables, propres à protéger les saillants, occupés par l'infanterie seulement, laquelle n'aurait guère à souffrir des feux de l'ennemi, détournés par ceux des rentrants.

N'omettons pas de rappeler que la conservation des munitions réclame tous les soins possibles. On les abrite habituellement par des traverses ou dans de petits magasins construits dans les parapets, mais en évitant d'ailleurs d'y concentrer beaucoup d'approvisionnements.

Quand l'ennemi prononce ses attaques, la défense ne s'occupe plus qu'accessoirement de combattre l'artillerie qui lui est opposée, dont elle est, au surplus, garantie en partie par les retranchements. La principale affaire est alors d'accabler les troupes de feux croisés et d'une grêle de projectiles.

S'il arrive qu'on ait renforcé la défense par des abatis, on aura dû les disposer à petite portée de mitraille des retranchements, afin de rendre la destruction de ces obstacles plus meurtrière à l'ennemi. Ses colonnes d'attaque doivent également être acceuillies par une pluie de mitraille, lorsqu'elles s'avancent pour donner l'assaut.

Lorsque l'artillerie doit défendre des obstacles, elle se place ordinairement derrière eux ou sur leurs flancs.

Cette dernière manière est préférable quand on a le choix des moyens, parce que l'on peut alors croiser les feux sur l'ennemi et parfois le prendre en flanc et de revers.

On résiste derrière une muraille en y pratiquant des embrasures et en élevant en dedans une sorte de cavaliers en terre. En pareil cas, il peut être utile d'examiner si les maisons voisines ne permettent pas d'y trouver des flancs pour les parties menacées. Il est parfois possible d'y établir des plates-formes épontillées susceptibles de recevoir des obusiers.

On trouve dans la plupart des localités d'une certaine importance des édifices publics, tels que les églises, couvents, ou autres, qui peuvent, à l'aide de quelques travaux d'art sans importance, être renforcés par du canon. Il ne faut donc pas, à l'occasion, négliger de tirer parti de ce moyen d'ajouter à l'énergie de la défense. Nos guerres en Espagne ont, au surplus, démontré combien avait à y gagner une résistance déterminée.

La défense des villages repose sur des principes identiques à ceux que nous venons d'exposer : les localités seules en varient l'application.

Il faut éviter de renfermer l'artillerie dans des enclos dont les communications seraient difficiles ; la faculté de se mouvoir librement doit lui être conservée avant tout.

Les meilleures positions qu'elle puisse prendre généralement sont celles situées en avant ou sur les côtés des villages, en lui donnant des soutiens d'infanterie et en la couvrant d'une petite levée de terre demi-circulaire.

Ces dispositions sont complétées par un système flanquant, établi en arrière.

Il pourra être aussi parfois utile de poster de l'artillerie dans un cimetière, un château ou tout autre lieu dont on voudra opiniâtrer la défense ; mais, en thèse générale, mieux vaudra la disposer d'un seul ou des deux côtés extérieurs, selon les lieux, le terrain et les circonstances.

Les rues et autres communications doivent être barricadées contre la mitraille, mais de telle sorte que cela ne puisse nuire aux mouvements ni surtout à la retraite de l'artillerie.

Lorsque l'ennemi a bien prononcé ses attaques, on réunit le plus de pièces possible sur le point où il concentre ses plus grands efforts, mais en s'abstenant d'engager les avenues principales.

L'artillerie doit être tenue éloignée des objets combustibles et couverte à la hâte, quand cela est praticable. Des épaulements en fumier ou construits avec des matelas superposés font des abris du moment.

Ce que nous venons de dire touchant la défense des villages est applicable aux dispositions que prend l'artillerie pour défendre les villes ouvertes ou enceintes d'un mur, ce qui les rend beaucoup plus propres à la résistance, ce mur ne fût-il qu'une simple chemise.

Il y a lieu de remarquer, cependant, que la défense des villes est généralement plus concentrée dans leur intérieur que ne l'est celle des villages, où l'artillerie se soutient mieux à l'extérieur.

On use habituellement des ressources de la fortification passagère dans la défense des villes, et l'artillerie se poste de manière à en battre les abords par des feux croisés.

Non-seulement on pratique des ouvertures dans les murs pour y placer des canons, mais on utilise aussi, quand il y a lieu, d'anciennes tours, dans le même but, en y construisant des plates-formes en bois.

C'est une chose excellente, quand on en a le temps, de creuser un fossé extérieur dont on relève les terres en dehors, jusqu'à hauteur de genouillère.

Mais de toutes les précautions, la première et la plus importante, c'est d'occuper d'avance une bonne position en arrière, avec des troupes et de l'artillerie, pour servir de repli aux défenseurs de la ville et en assurer la retraite lorsqu'elle est commandée par les circonstances.

Cette disposition imprime généralement à la défense toute l'énergie dont elle est capable, d'autant que les soldats les plus vigoureux aiment à se savoir soutenus en arrière et à compter avec une certaine sécurité sur les moyens d'opérer leurs mouvements rétrogrades.

C'est ainsi qu'agit le général Alix dans sa belle défense de Sens, pendant la campagne de France, n'ayant à opposer à un corps d'armée qu'une poignée de braves et de gardes nationaux.

Et pourtant on a pu écrire que la trahison des habitants avait bien plus contrait à la retraite que les armes de l'étranger !

Les surprises sont toujours à redouter pendant la nuit. L'artillerie s'en garantit en exerçant constamment une active surveillance autour d'elle et en conservant près des pièces la moitié des canonniers. Elle pointe à l'avance ses canons, chargés à mitraille, sur les issues par lesquelles l'ennemi pourrait se présenter menaçant.

Dans les attaques de nuit, lorsque l'ennemi arrive à petite distance, l'artillerie s'éclaire en lançant des balles à feu avec de faibles charges.

Nous ignorons quels sont les effets de la nouvelle artillerie à cet égard ; mais, pour donner une idée de ceux qu'on obtenait avec l'ancienne, nous dirons que les balles tirées avec l'obusier de 24 produisaient, à 300 mètres, un cercle de lumière de 50 mètres de diamètre, et, à 480 mètres, un cercle de 30 mètres de diamètre. Les balles lancées par les obusiers de 6 pouces présentaient aux deux distances précitées des cercles de lumière de 68 et 52 mètres de diamètre.

Il est donc utile que l'artillerie soit pourvue de ce moyen efficace d'ajouter à sa puissance.

L'artillerie qui doit défendre des carrés d'infanterie, place une ou plusieurs pièces dans les secteurs des angles privés de feux et tire dans la direction de leur capitale, ou croise ses feux en avant des faces attaquées.

Lorsque les canonniers sont menacés par la cavalerie, ils se réfugient aux angles des carrés, dans la position du genou en terre, devant le premier rang, la baïonnette haute et la crosse appuyée à la cuisse droite, ou, quand ils sont surpris sur leurs pièces, ils cherchent un refuge entre les roues, à moins qu'ils ne préfèrent se défendre à coups de carabine et d'anspect. Cette façon de faire leur a souvent réussi, car ils ne peuvent être attaqués, en définitive, que par des hommes désunis ; aucune charge ne saurait arriver serrée sur eux, non plus que sur une troupe qui la reçoit avec sang-froid et dont les feux sont bien dirigés.

Dans l'attaque des défilés, l'artillerie prend des positions d'où elle puisse contre-battre et démonter celle de l'ennemi.

Lorsque celle-ci est placée en avant du défilé, on essaie de la prendre en flanc avec des pièces légères.

Il est toujours de règle d'inonder de projectiles l'intérieur du passage ; mais, quand on doit le traverser, aucune précaution n'est négligée pour éviter d l'incendier.

Sur la défensive, l'artillerie se poste en avant, sur les flancs ou en arrière des défilés.

Lorsque ceux-ci sont formés par des maisons, des bois ou des pentes roides, qu'il est impossible de battre de loin, les pièces prennent position assez en avant pour se déployer en nombre suffisant et de manière à laisser un passage libre en arrière et sur leurs flancs. Il faut d'ailleurs qu'elles ne s'éloignent jamais assez des troupes pour cesser d'en recevoir une protection efficace.

Elles se postent sur les flancs du défilé lorsqu'ils présentent des positions favorables aux manœuvres et à l'exécution du tir.

Enfin, quand le défilé est un pont, une digue, une chaussée, etc., et qu'il peut être battu en avant par des feux croisés, il vaut mieux placer l'artillerie en arrière de ces obstacles.

On évite ainsi de s'exposer à faire couper des batteries par l'ennemi, et c'est pour cela qu'il est de principe de n'aventurer en avant des défilés ou dans leur intérieur qu'un petit nombre de pièces.

Ayant exposé ailleurs les méthodes d'attaque et de défense des défilés, nous nous bornons à rappeler

3.

ici que leur puissance défensive est surtout en arrière de leur passage, et nous renvoyons nos lecteurs au chapitre IV du deuxième livre pour ce qui concerne le dispositif à prendre par l'artillerie dans ces circonstances.

Habituellement, dans les retraites, on place à l'arrière-garde les batteries qui ont le moins souffert.

Une moitié des pièces marche à la tête et l'autre moitié reste à la queue de l'arrière-garde.

Les batteries les plus rapprochées de l'ennemi manœuvrent à la prolonge par divisions ou par sections, selon le terrain, et s'arrêtent de temps à autre pour retarder la poursuite de l'ennemi.

Elles exécutent leurs mouvements soutenues, le plus souvent, par des pelotons de cavalerie, ou, à défaut, par des troupes d'infanterie.

A moins qu'une route ne forme un défilé, l'artillerie, à proximité de l'ennemi, se tient, quand elle le peut, sur les côtés, d'où elle croise plus facilement ses feux en avant.

Dans le passage des défilés, les batteries qui marchent à la tête de l'arrière-garde s'établissent en position pour contenir l'ennemi et protéger la retraite des troupes. Nous savons, au reste, quelles sont ensuite ses dispositions pour s'opposer au débouché de l'adversaire, et nous n'avons rien à ajouter à ce que nous en avons dit au chapitre IV du livre second.

Il est arrivé aussi à l'artillerie d'opérer en retraite, en échelons, par batteries ou par divisions.

La bataille d'Albufera en fournit un exemple mémorable : réunie en entier à notre aile gauche, elle contint par un feu roulant la droite et le centre des Anglo-Espagnols, qui ne purent jamais l'entamer, et ce fut sous sa protection que l'armée effectua sa retraite en bon ordre.

L'artillerie exécuta ensuite elle-même heureusement son mouvement rétrograde, soutenue par la cavalerie.

Nous avons établi, au chapitre x du livre premier, l'importance du rôle de l'artillerie dans le passage des fleuves et exposé les principes à ce sujet.

Mais il nous reste à donner quelques détails particuliers relatifs à l'emploi de cette arme dans la circonstance dont il s'agit.

On sait qu'ordinairement on choisit un rentrant pour protéger l'établissement des ponts.

L'artillerie prend position à ses extrémités et occupe d'autres emplacements d'où elle puisse contrebattre le canon de l'ennemi et protéger par des feux croisés le passage des troupes et les travaux des pontonniers.

A défaut d'abris naturels, elle s'en crée d'artificiels ; des levées de terre y suffisent, et, d'ailleurs, il est rare qu'un terrain quelconque ne se prête pas, plus ou moins, à ce qu'on y masque les obusiers.

Il n'est sans doute pas toujours possible d'éteindre les feux de l'artillerie ennemie, mais on arrive communément à paralyser ses efforts pour contrarier la construction des ponts.

Lorsque l'adversaire occupe des îles d'où il importe de le déloger, c'est encore l'artillerie qui en facilite les moyens.

La défense des rivières ou des fleuves, hérissée de tant de difficultés qu'elle n'arrive guère qu'à en retarder le passage, n'est praticable, sur la rive occupée par l'ennemi, qu'à la condition de posséder une ou plusieurs têtes de pont et un système de défense retranché.

Aussi, le plus généralement, se borne-t-on à construire des batteries vis-à-vis les points de passage supposés devoir être choisis par l'ennemi, et s'attache-t-on surtout à se procurer des feux qui puissent prendre en rouage l'artillerie opposée.

Ces dispositions ne doivent d'ailleurs jamais, en aucun cas, empêcher de réserver un nombre suffisant de batteries pour parer à toutes les éventualités.

Lorsque la rive ne se prête pas à une défense immédiate et qu'il existe à peu de distance une bonne position défensive, toutes les prévisions de la défense ont naturellement alors pour but de mettre obstacle aux progrès de l'ennemi et de le culbuter dans le fleuve ou, tout au moins, de le contraindre à le repasser avec de grandes pertes.

L'occupation des îles avec de l'infanterie et de l'artillerie, dont la retraite est assurée, fournit aussi à la défense un excellent moyen de contrarier les opérations de l'ennemi.

Il nous reste à parler du passage des fleuves en retraite, en présence de l'ennemi.

C'est toujours une affaire délicate et souvent hasardeuse quand on n'opère pas sous la protection d'une tête de pont fortifiée. Mais elle peut cependant s'effectuer avec succès quand le point de passage est couvert par de bonnes positions pour l'artillerie, et que l'on possède des moyens de transport suffisants.

La tâche de l'artillerie, en pareil cas, est de tenir

ferme, pour protéger le passage de la plus grande partie des troupes et des canons.

Ceux-ci prennent ensuite position sur l'autre rive, pour couvrir à leur tour la retraite de l'arrière-garde.

Les grands convois ont ordinairement de l'artillerie pour leur défense.

Il est de règle de ne point la disséminer, afin de pouvoir agir vigoureusement sur les points sérieusement menacés.

Elle dirige ses feux principalement sur les troupes attaquantes.

Les dispositions générales de l'escorte ayant pour but principal d'assurer la mobilité du convoi, l'artillerie ne saurait mieux faire que d'occuper successivement des positions dominantes en avant ou sur les flancs, d'où elle agira plus efficacement que si elle suivait les troupes qui protégent immédiatement la marche des voitures.

Qu'on nous permette quelques mots touchant les réserves de l'artillerie, qui sont tout aussi utiles que celles des autres troupes, et dont l'importance ne saurait être méconnue, quand on réfléchit aux diverses circonstances où leur emploi devient nécessaire.

Entre les mains d'un général habile, elles sont une sorte d'*ultima ratio* des champs de bataille, auquel on a dû parfois la victoire et souvent la complète défaite de l'ennemi.

Lorsqu'une partie de la ligne faiblit, et qu'on n'a pas de secours immédiats à lui donner, des batteries de la réserve peuvent quelquefois permettre d'attendre des renforts.

C'est également sous la protection d'une concentration de pièces tirées de la réserve que les troupes accomplissent en certains cas ce qu'elles ne pourraient exécuter sans cela.

Cet appui d'une artillerie intacte et nombreuse relève le moral ébranlé du soldat, dont la confiance et l'élan renaissent à la vue des brèches faites dans les masses de l'ennemi. Les effets désorganisateurs qu'en éprouve l'adversaire ouvrent les voies à de nouvelles attaques vigoureuses, souvent inattendues, et par cela même victorieuses. En un mot, les réserves d'artillerie peuvent corriger des fautes, préparer le succès, ralentir ceux de l'ennemi, ou suppléer, pendant un certain temps, à l'absence de troupes sur des points menacés ou en but à des attaques formidables.

L'artillerie à cheval, ayant une vitesse au moins double de celle à pied, convient naturellement plus que celle-ci à la composition des réserves : aussi l'emploie-t-on préférablement ainsi dans les armées.

CHAPITRE III.

De l'escorte d'une batterie en campagne; conduite d'une escorte d'infanterie, dans la marche en avant; protection sur place; défense contre une attaque d'infanterie, contre une attaque de cavalerie et contre une attaque de ces deux armes réunies; protection de la retraite.

Lorsque l'artillerie cesse d'agir sous la protection immédiate des troupes, il lui faut une escorte.

Il arrive assez souvent que, dans les combats d'avant-garde, les reconnaissances, les attaques de vive force, on ait à faire prendre position à des pièces, à une certaine distance du corps principal. Si, dans ces circonstances, on ne leur affectait pas un soutien spécial, elles seraient bientôt décimées par les tirailleurs de l'ennemi, munis pour la plupart d'armes de précision, et elles risqueraient en outre d'être enlevées par une attaque brusque et résolue.

L'escorte varie selon le terrain et le nombre de batteries détachées. Il est rare qu'elle dépasse un ou deux bataillons, qui prennent habituellement poste en arrière de l'un des flancs de l'artillerie et détachent des tirailleurs pour maintenir éloignés ceux de l'ennemi et repousser toute tentative sur les flancs des batteries.

Le général de Decker estime qu'il ne faut pas moins de 20 à 30 tirailleurs pour une section de 2 à 4 pièces, et il ajoute que l'artillerie de la garde prussienne ne manœuvre jamais sans cet appui.

Toujours est-il qu'en aucun cas les batteries ne doivent rester sans escorte, d'autant qu'elles y puisent, au besoin, des hommes pour remplacer les canonniers tués ou blessés, et que son concours leur est encore utile pour les aider à franchir les difficultés locales.

Il est assez singulier que les écrivains militaires allemands se soient presque exclusivement occupés de cette question, qui a cependant son importance; nul doute qu'il ne soit utile de s'être tracé à l'avance une ligne de conduite pour des circonstances possibles à prévoir en campagne.

Nous offrons à nos lecteurs le résultat de nos

études à ce sujet. Leur jugement et leurs propres réflexions les fixeront sur le mérite de ce que nous ne proposons d'ailleurs qu'après nous être trouvé en communauté de pensée avec des militaires éclairés et des écrivains recommandables.

Dans la plupart des circonstances, il nous semble que l'escorte normale d'une batterie de six a huit obusiers en marche devra être d'une section de compagnie de débarquement, en admettant qu'elle soit composée de 64 fusiliers et caporaux, comme nous l'avons proposé au chapitre II du livre 1er.

Il nous faut dire aussi que nous entendons, par escorte normale , ce qui suffit pour permettre à des renforts d'arriver à temps.

Une attaque sérieuse contre une batterie en position , à distance du gros des troupes, nécessitera un soutien plus considérable.

C'est, au reste, une question dont nous traiterons ci-après, en nous occupant de la défense sur place.

Quant à présent, il ne s'agit que de l'escorte d'une batterie à pied, en marche, et nous nous abstiendrons de parler de l'artillerie à cheval , avec laquelle les marins ne paraissent point destinés à servir et qui, d'ailleurs, a généralement besoin d'une escorte plus forte, parce que sa plus grande mobilité lui permet d'oser beaucoup plus que l'artillerie à pied. Cela fait aussi que la conduite de l'escorte diffère parfois pour les deux genres de batteries.

L'artillerie marche quelquefois en avant des troupes, mais plus habituellement sur leur flanc , et son escorte se tient du côté le plus menacé par l'ennemi. Si l'on suppose une batterie précédant une colonne, en plaine, la moitié de la section d'escorte devancera les pièces d'environ deux cents pas, et enverra quelques éclaireurs pour reconnaître le terrain en avant.

Lorsqu'il y a de la cavalerie, elle se charge habituellement de ce soin, en pareil terrain. Alors, l'escorte d'infanterie se partage en deux et suit la batterie sur ses flancs.

Quand l'artillerie se meut en colonne, sur le flanc des troupes, l'escorte la couvre extérieurement et pousse une ligne de flanqueurs à peu près à trois cents pas.

Elle rend donc inutile l'emploi d'un détachement à cet effet, attendu qu'elle assure la sécurité de la marche.

Cette manière d'opérer comporte cependant des exceptions que motivent la nature du pays et l'approche de l'ennemi.

Ainsi, par exemple, lorsqu'on marche en terrain couvert et coupé, l'escorte ordinaire serait insuffisante pour repousser les avant-postes que l'ennemi pourrait y avoir établis. En pareil cas, il n'y a d'autre parti à prendre que d'arrêter l'artillerie sur place jusqu'à ce que quelques compagnies ou même un bataillon aient nettoyé le terrain environnant. Elle ne reprend sa marche, sous la protection de son escorte spéciale, que quand la sécurité de ses mouvements est rétablie.

L'escorte, en semblable pays, se fractionne en quatre parties égales, dont l'une précède la batterie, deux la flanquent et la quatrième reste réunie en arrière.

La disposition des flanqueurs est telle qu'ils se relient au groupe d'avant-garde.

L'artillerie qui, pour croiser ses feux en avant des routes, prend, quand elle le peut, leurs côtés pour combattre, suit ordinairement les chemins dans ses marches, ce que ne font pas toujours les troupes qu'elle accompagne.

Elle s'exposerait donc à se faire enlever, par quelque attaque furieuse et inopinée, comme en engendrent parfois le fanatisme ou la haine nationale, si une escorte spéciale lui faisait défaut : aussi est-ce une règle invariable de ne point négliger cette précaution, lorsqu'elle se meut en avant des troupes.

Quand elle les suit, il suffit de quelques éclaireurs sur ses flancs et d'une petite réserve en arrière, pour la mettre à l'abri de toute surprise.

Lorsque l'on doit traverser un défilé, le rapport de la reconnaissance préalable qu'il est de règle d'y envoyer, ainsi que l'appréciation d'autres considérations du moment, font décider si l'artillerie y pénétrera la première, sous la protection de son escorte normale, ou si elle ne devra s'y engager qu'à la suite d'un bataillon ou de quelques compagnies.

En principe, quand le défilé a plus de deux ou trois cents pas de longueur, l'artillerie n'y entre pas la première. Mais ce n'est pas cependant une règle invariable, car il peut arriver qu'il y ait utilité à faire précéder les troupes de quelques pièces. Deux, alors, y suffisent le plus généralement, d'autant que, sur les grandes routes ordinaires, il serait difficile d'en faire manœuvrer convenablement un plus grand nombre à la fois.

Lorsque la route commande la vallée, la moitié de l'escorte marche sur ses revers, à deux ou trois cents pas en avant, de manière à ne point gêner les mouvements de l'artillerie.

Pour peu que le terrain soit accidenté ou les revers escarpés, l'escorte éclaire les flancs avec le plus grand soin.

On agit de la même manière dans les routes transversales des bois ; mais, s'il est possible de jeter des détachements d'une certaine force à distance sur les côtés, pour mieux s'éclairer, c'est le meilleur de tous les procédés à employer.

L'escorte alors se concentre près des pièces.

Quand on prévoit une attaque à la sortie d'un bois ou d'un défilé, l'escorte prend une position favorable à la protection de l'artillerie pendant son défilé et qu'elle fait ses préparatifs de combat.

Elle se réunit ensuite en avant de la batterie, ou sur l'un de ses flancs, selon la position de l'ennemi, mais sans perdre de vue que, s'il est nécessaire de protéger la batterie en flanc, elle a besoin de l'être de plus loin que sur son front.

Au reste, quand l'escorte se tient latéralement en avant de la batterie pendant l'attaque, disposition généralement préférable à toute autre, elle veille à démasquer vivement les pièces, au fur et à mesure qu'elles sont prêtes à faire feu.

Nous avons dit ailleurs que jamais une batterie ne prend une position sans que son chef l'ait d'abord examinée avec soin. Il est bon que le commandant de l'escorte accompagne cet officier, et qu'il se fasse suivre par trois ou quatre fusiliers ; de même que d'une couple de cavaliers, s'il en a à sa disposition. Il arrête de la sorte, dans son esprit, les dispositions à prendre, et peut faire transmettre ses ordres sans perte de temps.

Au surplus, il ne nous paraît pas douteux qu'il ne fût avantageux, dans quelques circonstances, d'adjoindre à l'escorte un détachement de cavalerie, non-seulement pour activer la transmission des ordres, des renseignements et des avis, mais encore pour mieux surveiller les mouvements de l'ennemi. D'ailleurs, une troupe à cheval protégera plus efficacement les manœuvres de l'artillerie, en certains cas.

Ainsi, par exemple, si l'adversaire a de la cavalerie, il sera dangereux de faire prendre position, en plaine découverte, à une batterie à pied, loin du gros des troupes, sous la protection d'une escorte composée uniquement d'infanterie. Quant à l'artillerie à cheval, il est évident qu'elle ne profitera parfaitement des avantages que lui donne sa mobilité qu'autant que son escorte sera susceptible de suivre ses mouvements, ce que ne pourrait faire d'une manière satisfaisante un soutien d'infanterie.

Le journal allemand *De la science et de l'histoire de la guerre* cite le fait suivant, à l'appui de cette opinion :

Au mois de novembre 1813, les Français, bloqués dans Torgau, par les Prussiens et les Saxons, poussèrent une de leurs sorties, composée de trois bataillons d'infanterie et de quatre pièces à cheval, jusqu'au village de Coswig, dont ils s'emparèrent. Ils se portèrent ensuite sur Bennewit, avec l'intention d'en déloger aussi les Saxons.

Le pays étant plat et découvert entre ces deux points, la demi-batterie prit le trot, appuyée par un peloton d'infanterie qui, malgré tous ses efforts, ne parvint à la suivre qu'à distance, si bien qu'il se trouvait éloigné d'environ cinq à six cents mètres des canons lorsqu'ils commencèrent leur feu à l'entrée du village, dont l'avenue principale était enfilée par leurs projectiles.

Le commandant saxon, s'étant laissé surprendre, trouvait de grandes difficultés pour déboucher. Ayant sous la main un peloton de vingt hussards, il ordonna une charge à fond sur les pièces qui, éloignées de leur soutien, furent contraintes de se retirer, après avoir adressé à l'ennemi une seule décharge, qui démonta trois cavaliers.

Cet événement jeta fort heureusement un trouble momentané parmi les hussards, et permit à la demi-batterie de rejoindre à toute vitesse son escorte, qui prit poste sur ses flancs, et comme les pièces avaient été rechargées, l'ennemi, pour éviter une décharge meurtrière, se jeta à droite et à gauche, où il se disposait à renouveler ses attaques, lorsque l'arrivée de renforts le força de se replier sur ses troupes qui, dans l'entre-temps, avaient pris position en dehors du village.

Cette saillie audacieuse de l'artillerie n'eut, en définitive, d'autre résultat que de la compromettre sérieusement et d'empêcher d'enlever Bennewit.

Examinons actuellement les principes de la défense sur place.

Si la batterie doit se maintenir en position, son escorte normale pourra tout au plus retarder les mouvements de l'ennemi jusqu'à l'arrivée de renforts. Mais, pour résister à des attaques sérieuses, ces renforts devront être d'une certaine importance, de quelques compagnies, peut-être d'un bataillon.

En tout cas, l'escorte se tiendra, soit sur l'un ou l'autre des deux côtés de la batterie, soit sur les deux côtés à la fois, un peu en avant, à l'arrière ou à la hauteur des pièces, selon le terrain, en maintenant leurs flancs démasqués, le plus généralement.

La disposition la plus vicieuse que l'on pût adopter serait de faire prendre poste à l'escorte directement en arrière de la batterie. Cela n'est praticable que quand il y existe un abri, éloigné tout au plus de cinquante ou soixante pas.

L'escorte, placée en avant, à droite ou à gauche des pièces, a sans doute l'avantage de pouvoir commencer son feu plus tôt et de maintenir plus facilement les tirailleurs de l'ennemi à bonne distance. Mais cette manière de procéder a l'inconvénient de restreindre le champ de tir des canons, et l'on est forcé de la rejeter quand on prévoit qu'il sera nécessaire d'exécuter des feux dans une direction oblique que masqueraient les troupes de soutien.

Lorsque les attaques de l'infanterie sont seules à craindre, mieux vaut rapprocher l'escorte de l'ennemi que l'en éloigner. Sa principale affaire est, tout d'abord, de maintenir les tirailleurs de l'adversaire à distance respectueuse de la batterie, ce qu'elle ne peut faire convenablement qu'en se portant en avant de celle-ci.

En émettant l'opinion qu'une escorte d'une section de compagnie de débarquement serait impuissante à repousser les attaques sérieuses de l'ennemi sur une batterie, nous n'avons pu déterminer la force des renforts qu'il conviendra de détacher du gros des troupes à cet effet.

Cela dépend évidemment des circonstances et du terrain ; toutefois on peut admettre que l'adversaire n'emploiera pas moins d'un bataillon ou d'un escadron pour exécuter de pareilles attaques, quelfois l'un et l'autre, ce qui permet d'apprécier approximativement le nombre de troupes nécessaires pour faire avorter ses projets.

Quoi qu'il en soit, lorsqu'il a été jugé opportun d'ajouter à l'escorte un soutien de quelque importance, il n'est pas de règle de le lier à la batterie aussi intimement que son escorte normale, surtout quand il peut prendre quelque position avantageuse, à proximité, du côté où l'ennemi se montre menaçant.

Une escorte, renforcée seulement d'une section, se partage en deux parties égales, dont l'une garde et éclaire le flanc découvert, et l'autre constitue une réserve immédiate pour les pièces.

L'intervalle qui sépare ces deux sections de la batterie varie selon les lieux et les circonstances ; mais il est de principe que celle qui compose la réserve ne s'éloigne jamais au delà de cinquante à soixante pas au plus. Quant à l'autre, sa distance maximum de la batterie ne devra pas excéder quatre cents pas, et encore faut-il considérer qu'un pareil éloignement n'aura sa raison d'être que si le terrain est découvert en face et de flanc, ou qu'à cette limite il y ait à occuper quelque bonne position, telle qu'un enclos muré, un cimetière, une carrière, etc. Ensuite et avant tout, on ne doit avoir à redouter qu'une attaque d'infanterie, pour se porter aussi loin de la batterie. Dans le cas contraire, la moitié de l'escorte la moins éloignée de l'ennemi se rapproche des pièces, mais en se postant plutôt en avant de la batterie qu'en arrière, parce qu'elle y sera évidemment mieux pour protéger les canonniers contre les tirailleurs de l'adversaire.

Le commandant de l'escorte surveille lui-même les mouvements de l'ennemi ; il les fait observer également par des éclaireurs actifs et intelligents, avec lesquels il peut convenir de signaux pour être plus promptement mis en mesure de modifier sans perte de temps ses dispositions et de les adapter aux circonstances.

Quelques cavaliers bien montés seraient, croyons-nous, fort utiles, en plaine surtout, car leur vitesse leur permettrait de mieux voir que des fantassins, sans se compromettre.

Lorsque l'ennemi se décide à une attaque, le plus ordinairement il dirige ses efforts sur l'escorte seulement. Il peut pourtant aussi agir en même temps contre la batterie ou assaillir celle-ci toute seule.

C'est vraisemblablement à ce dernier parti qu'il s'arrêtera, si l'escorte est trop faible ou qu'elle se tienne à une distance exagérée des pièces.

On devra également se défier d'une attaque directe sur la batterie, quand le terrain favorisera les approches de l'ennemi à couvert, ou qu'il ne se proposera que d'interrompre le feu pendant un certain temps, ce qui, en des circonstances données, peut avoir des résultats décisifs, ou qu'enfin il espérera décider de la sorte la batterie à un mouvement de retraite.

Toujours est-il qu'il n'y a que trois manières possibles d'attaquer : soit avec de l'infanterie ou de la cavalerie séparément, soit à l'aide d'une combinaison de ces deux armes, ce qui rend alors la défense plus compliquée.

Voyons d'abord comment on résiste à une attaque d'infanterie, et, pour mieux fixer les idées, admettons la double hypothèse que l'attaque est forte d'un bataillon et l'escorte composée d'une compagnie de débarquement.

Si l'on cherche à pénétrer les moyens tactiques dont se servira l'ennemi, on est conduit à penser qu'il ne s'exposera pas tout d'abord en ordre profond aux ravages de l'artillerie.

La cavalerie a bien pu se permettre de ces traits d'audace et réussir à sabrer les canonniers sur leurs pièces : nous n'ignorons point que des escadrons en colonnes ont parfois enlevé des batteries. Mais la vitesse de la cavalerie est plus que double de celle de l'infanterie, et l'histoire se tait sur ce que coûtent de pareils succès.

Il paraît donc naturel de supposer que les attaquants déploieront bon nombre de tirailleurs pour contre-battre ceux de l'escorte, masquer les mouvements du gros du bataillon, tirer sur les canonniers, et s'élancer à la course sur la batterie, à un moment donné. Le reste de l'attaque, divisé peut-être en soutien et en réserve, suivra à distance, jusqu'à ce qu'arrive le moment d'appuyer les tirailleurs dans leur action à la baïonnette.

La dernière campagne d'Italie a démontré que nos soldats n'y mettent pas de tant façons ; mais les exceptions ne prouvent rien contre les règles de la prudence, qui n'excluent pas, au surplus, la vigueur des attaques.

Bornons-nous, pour appuyer notre manière de voir, à émettre un simple doute sur le succès des attaques des zouaves, si eux-mêmes ne corrigeaient ce qu'elles peuvent avoir d'insolite ou de téméraire, par une bravoure et une intelligence militaires, une résolution et une présence d'esprit qui sont précisément l'apanage de nos corps d'élite, dont notre brave infanterie s'est montrée d'ailleurs la glorieuse émule.

Au début d'une guerre, notre armée surabondera toujours d'éléments supérieurs à ceux que leur opposeront les masses de nos adversaires, quels qu'ils soient, croyons-nous. Il serait trop long d'en déduire les raisons multiples ; mais, soit dit sans intention de blesser les susceptibilités d'aucun pays, nous pensons que toutes les troupes ne valent pas nos vieux régiments d'Afrique, et qu'il faut être plus que des soldats ordinaires pour s'inspirer des périls du moment, marcher résolûment au but et improviser, au besoin, des procédés tactiques pour surmonter les difficultés imprévues ou se dérober à une destruction inévitable.

C'est ce qu'ont su faire nos fantassins en Italie comme en Crimée ; c'est ce qui ne s'apprend ni dans les livres, ni dans les théories ; en un mot, ces facultés sont inhérentes à la race et en partie le résultat de nos institutions.

Dans l'armée française, l'intelligence militaire ne procède pas seulement de haut en bas; elle remonte souvent de bas en haut.

Nos soldats forment un type à part.

Les préjugés, l'ignorance ou l'orgueil froissé peuvent chercher à se dissimuler cette vérité qui, pour nous, se démontre par les faits, et dans laquelle nous n'hésitons pas à reconnaître un principe de force dont il faut savoir cependant prévenir ou corriger les écarts.

Quoi qu'il en soit et pour terminer cette digression, ce que nos troupes ont fait au début d'une campagne ne leur eût peut-être pas réussi plus tard contre les mêmes adversaires; cela n'amoindrit pas assurément le mérite de leurs actions brillantes, mais qu'on les suppose défendant les canons qu'elles ont enlevés à Palestro.

Là gît en entier la question.

Pour nous, il n'est pas douteux qu'elles ne se les fussent pas laissé prendre.

Revenons à notre sujet.

Ou l'attaque sera uniquement dirigée contre l'escorte, ou l'ennemi fera en même temps effort sur la batterie.

Dans l'un et l'autre cas, une seule compagnie d'escorte ne pourra guère que retarder suffisamment les progrès de l'ennemi pour donner aux renforts le temps d'arriver. Il n'est d'ailleurs point probable que les secours soient éloignés, car on n'aura pas vraisemblablement ordonné à une batterie de se maintenir en position loin du gros des troupes, en ne lui affectant qu'un soutien insuffisant pour repousser des attaques opérées en forces.

Le devoir de l'escorte, après tout, est de lutter de son mieux pour protéger la batterie, et ses dispositions doivent tendre à en garantir les flancs des entreprises tournantes des tirailleurs de l'ennemi.

La section de réserve ne s'écartera point à plus de cent pas de la batterie, afin de rester en mesure de la défendre sur place, si elle est attaquée en même temps que l'escorte.

L'autre section se portera plus en avant, sur l'un ou les deux côtés de la batterie, selon les dispositions de l'ennemi. Elle tâchera d'y occuper quelque bonne position, ou, à défaut, elle s'avancera résolûment vers l'ennemi pour le prendre en flanc et de revers, si cela est possible, et contrarier les progrès de son attaque.

Lorsque l'ennemi s'avance au pas de charge, en colonne et sans tirer, l'escorte dirige sur lui un feu de tirailleurs bien ajusté, pendant que l'artillerie la seconde de ses feux.

Si la batterie est menacée d'une attaque directe, pendant que la première section est aux prises avec l'adversaire, déployée tout entière en tirailleurs, pour mieux harceler les attaquants, la section de réserve se replie sur les pièces et se subdivise en autant de détachements qu'il est nécessaire pour occuper les intervalles existant entre les canons.

Ces dispositions nous semblent préférables au système consistant à concentrer toute l'escorte sur les flancs de la batterie et à répandre des tirailleurs entre les pièces, où ils ne peuvent que gêner les canonniers et être aveuglés par la fumée.

L'ennemi, au surplus, agirait bien maladroitement s'il ne croisait de côté les détachements des ailes, pour se précipiter à l'arme blanche sur les canonniers, dont les soutiens immédiats, isolés et disséminés dans les intervalles, ne présenteront certainement jamais des éléments de défense aussi solides que de petits détachements, attendant avec calme l'ennemi à quelques pas, pour le fusiller presque à bout portant et tomber ensuite sur lui à la baïonnette.

Les attaquants n'arrivent sur une batterie que désunis et plus ou moins hors d'haleine ; ils s'attendent d'ailleurs rarement à y rencontrer une résistance à outrance. Ce sont de mauvaises conditions pour lutter contre des hommes réunis, décidés à se défendre avec énergie.

Il y aura beaucoup de probabilités, croyons-nous, pour que, si chacun fait son devoir, le feu de la batterie ne soit suspendu que quelques instants, moins d'une minute peut-être, et rien ne s'opposera à ce qu'elle le reprenne avec vivacité.

Quant à l'escorte, elle s'abstiendra de poursuivre les tirailleurs repoussés et rétablira promptement son ordre de combat, car elle aura lieu de s'attendre à être attaquée par de nouvelles forces, vraisemblablement plus considérables.

Cependant il est probable qu'on aura gagné assez de temps pour que l'arrivée des renforts change la face des affaires, ou que leur approche soit telle qu'on n'ait plus autant à craindre des tentatives de l'ennemi.

Dans tous les cas, lorsque la batterie doit se retirer devant la menace d'une attaque sérieuse, elle ne commence son mouvement rétrograde qu'alors que l'offensive de l'ennemi est bien prononcée contre la section de l'escorte le plus en avant. Il ne suffit pas d'un simple combat de tirailleurs pour rendre la retraite obligatoire, et, en général, si l'on est à portée de recevoir des secours, la meillleure tactique est de tenir sur place.

Au surplus, rien n'est dangereux comme les retraites précipitées pour l'artillerie.

La défense contre une attaque de cavalerie veut être examinée à part, d'autant que la vitesse de cette arme la soustrait en partie aux effets de la mitraille.

En plaine découverte, ses attaqnes sont autrement à redouter que celles de l'infanterie contre une batterie.

La tactique des troupes à pied ou à cheval diffère d'ailleurs beaucoup en raison des propriétés différentes de ces deux armes.

Aussi la défense a-t-elle recours à des procédés particuliers pour chacune d'elles.

Aussitôt qu'elle aperçoit la cavalerie de l'ennemi en mouvement, l'escorte cesse de se tenir à une certaine distance en avant, et se rapproche immédiatement des pièces.

Elle évite de prendre poste sur les flancs de la batterie.

A moins qu'elle n'occupât une position inaccessible sur le côté menacé, l'ennemi ne manquerait pas de l'attaquer et de la couper de la batterie, pour charger celle-ci obliquement ou de flanc, avec vigueur, après l'avoir privée de son soutien.

C'est probablement par des considérations de ce genre que les Anglais, à Waterloo, ont préféré nous présenter une défense de tête, qui leur y réussit assez bien.

Nous inclinons donc à penser qu'avec des troupes aguerries, ayant surtout confiance en leurs baïonnettes, il serait préférable d'adopter les dispositions suivantes :

Lorsque la cavalerie ferait ses préparatifs pour charger, la section d'en avant se placerait près de l'aile menacée ; la section de réserve se subdiviserait en autant de groupes qu'il y aurait d'intervalles à couvrir entre les pièces et prendrait poste à la hauteur de l'autre section, faisant face des deux côtés. Au moment critique, les canonniers se réuniraient à ces groupes, munis de leur carabine, des leviers et des écouvillons.

Il pourra être bon aussi de roidir les prolonges, pour gêner la circulation des attaquants en tous sens entre les pièces.

Si la défense sait attendre, pour tirer, que l'ennemi soit à huit ou dix pas des canons ; si elle est bien pénétrée de l'avantage qu'elle possède d'agir réunie contre des attaques irrégulières d'hommes nécessairement disséminés par la mitraille et les conséquences inévitables de toute charge, surtout de celles en fourrageurs ; si, enfin, elle est convaincue qu'il ne lui faut résister que quelques moments pour avoir la certitude de repousser l'ennemi avec pertes et que le concours énergique des canonniers ne lui fasse pas défaut, nous croyons qu'elle aura toutes chances de réussir à se maintenir en position, au moins jusqu'à ce que des secours lui arrivent.

Dans le cas où une première attaque serait suivie immédiatement d'une seconde, opérée en forces, le meilleur parti à prendre serait encore de résister à toute extrémité, parce que l'adversaire, ne s'attendant probablement point à rencontrer des obstacles sérieux entre les pièces, s'en trouvera vraisemblablement déconcerté, ce qui enlèvera à son action une partie de sa vigueur.

D'ailleurs, la résolution des défenseurs est évidemment leur meilleure sauve-garde, puisque, en luttant avec énergie, ils donnent aux renforts le temps d'arriver ; que ceux-ci ne sauraient plus désormais beaucoup se faire attendre, car, sans nul doute, ils auront été demandés dès la première certitude qu'un danger sérieux était imminent et qu'en définitive, s'ils tournent le dos, ils seront indubitablement sabrés ou forcés de se rendre.

Examinons actuellement la conduite que devra tenir une compagnie d'escorte, sous la menace d'une attaque combinée d'infanterie et de cavalerie.

Un ennemi prudent fera sans doute harceler l'escorte par de l'infanterie, afin de l'engager ainsi au combat et de l'entraîner à distance de la batterie. Il saisira en outre toute occasion d'embusquer, dans le voisinage des pièces, un ou deux pelotons de cavalerie, pour les lancer à l'improviste sur les canonniers, à un moment favorable, ou sur la partie de l'escorte qui s'en tient toujours rapprochée.

Cette hypothèse nous paraît plus probable que

celle d'une attaque de cavalerie en colonne, témérité qui a bien pu réussir exceptionnellement, nous l'avons dit, mais dont le résultat le plus ordinaire sera, d'après l'opinion de militaires expérimentés, de faire mettre hors de combat un quart des attaquants et de désunir ou disperser tellement les autres, que des groupes d'hommes résolus parviendront facilement à repousser ceux qui arriveront jusqu'aux pièces.

Cependant, comme il importe, à la guerre, de prévoir les fautes de l'ennemi, même celles qui proviennent d'une routine invétérée, un commandant d'escorte ne s'étonnera d'aucune disposition vicieuse et prendra immédiatement ses mesures pour en faire repentir l'adversaire. Quand il apercevra de la cavalerie ennemie se disposant à l'attaquer, et qu'il se verra également menacé par de l'infanterie, la première chose à faire sera d'en aviser qui de droit, afin que des secours lui soient envoyés.

Il ordonnera immédiatement à la section d'en avant de se rapprocher de l'aile menacée, en lui indiquant une situation d'où elle puisse promptement prendre poste sur le flanc de la batterie, à moins pourtant que cette partie de l'escorte n'occupe en avant, sur le côté menacé par l'ennemi, une position avantageuse, à deux cents mètres au plus des pièces, d'où il serait possible de fusiller les canonniers, ce que ne manquerait pas de faire un adversaire intelligent, si on lui en fournissait l'occasion.

Cela seul forcerait la batterie à la retraite.

La section de réserve, subdivisée comme nous l'avons expliqué précédemment, et procédant de la manière indiquée plus haut, reste invariablement attachée à la batterie. Elle ne peut même l'abandonner pour aller au secours de l'autre partie de l'escorte, car l'ennemi saisirait certainement cet instant pour se précipiter à toute vitesse sur les pièces, dont les canonniers, surpris et privés de leur soutien immédiat, risqueraient fort d'être culbutés avant même d'avoir pu se mettre en défense.

Ce que nous venons de dire touchant le mécanisme de la défense ne saurait évidemment servir de règle invariable à l'escorte, dans toutes les circonstances ; il appartient à l'officier capable, de modifier l'emploi de ses moyens d'action d'après les circonstances du moment, et notre but n'a été que d'offrir à nos lecteurs une application de ce que nous croyons être les vrais principes pour opiniâtrer la résistance jusqu'à ce que des renforts permettent de repousser l'ennemi vigoureusement ou de mettre la batterie hors de ses atteintes.

Résumons en quelques mots ce que nous venons d'exposer en détail :

L'escorte d'une batterie qui doit résister sur place ne reste point habituellement réunie.

Elle se divise au moins en deux parties, dont l'une se porte en avant, pour maintenir les tirailleurs ennemis à bonne distance et contrarier les attaques par des feux bien dirigés.

Les meilleurs tireurs de l'escorte y trouveront un utile emploi, et ils devront avoir pour règle de viser plus particulièrement sur les masses ou les têtes de colonnes, lorsqu'elles se porteront en avant.

La seconde moitié ne s'éloigne jamais de la batterie, à laquelle son sort est invariablement lié. Elle lui doit une protection immédiate, et ne se subdivise que pour mieux résister aux attaques directes dirigées contre les pièces.

Plus les hommes qui la composent seront fermes, froids, résolus, habiles à se servir de la baïonnette et confiants dans ses effets, plus ils seront propres à la mission qui leur est confiée.

Il nous reste à parler de la conduite de l'escorte dans les retraites.

Nous savons qu'à part les quelques pièces qui restent à l'arrière-garde, l'artillerie marche habituellement à portée des troupes, ce qui rend inutile de lui donner un soutien spécial.

Occupons-nous donc exclusivement de la protection d'une batterie d'arrière-garde.

Son escorte lui reste liée dans la marche comme pendant le combat, autant que cela se peut. Elle ne doit pas chercher à s'abriter en arrière des pièces, et, lorsqu'il est nécessaire de leur donner des facultés pour se disposer à exécuter un mouvement rétrograde, elle n'hésite pas à opérer contre l'infanterie ennemie des retours offensifs qui, seuls, en certains cas, assurent sa retraite et celle de la batterie.

Lorsqu'il est prescrit à une batterie ou à un certain nombre des pièces qui la composent de tenir à outrance en avant d'un défilé, l'escorte, qui trouve communément quelque abri à proximité de l'artillerie, est beaucoup moins exposée que celle-ci, qui est plus particulièrement en but aux feux des batteries ennemies.

Mais, quand l'artillerie de l'arrière-garde a également reçu l'ordre de s'opposer au débouché de l'adversaire, en arrière du défilé, l'escorte aura souvent à se sacrifier pour accomplir sa tâche, surtout lorsqu'elle aura affaire à de la cavalerie et nonobstant les dispositions protectrices qu'aura prises le commandant de l'arrière-garde, car, en pareil cas, l'ascendant moral qu'exerce l'ennemi qui débouche peut déjouer les volontés des meilleurs chefs.

Il ne nous paraît y avoir à cela qu'un seul remède : c'est de donner à l'artillerie une escorte d'élite assez forte pour se suffire en plaine découverte, alors même qu'elle serait menacée de se voir couper la retraite par de la cavalerie.

En semblable situation, la batterie ne produira généralement de bons effets qu'autant qu'elle manœuvrera déployée ; il faudra donc que son escorte soit renforcée.

La tactique de celle-ci résultera de deux considérations incontestables, à savoir :

Que la cavalerie est surtout dangereuse à cause de sa vitesse ;

Que l'artillerie, dans les retraites, a sur les autres armes l'avantage d'être toujours prête à combattre, quand elle se meut à la prolonge.

Elle peut, sans se compromettre, laisser l'ennemi s'approcher jusqu'à trois cents mètres, recharger les pièces et continuer son mouvement rétrograde, après avoir envoyé sa mitraille.

Mais il lui faut une protection immédiate permanente. A cet effet, la moitié de l'escorte se subdivise pour défendre les intervalles qui séparent les pièces. Ces subdivisions, pour ne pas gêner les canonniers, se tiennent vis-à-vis des intervalles, entre les caissons et la batterie, et elles ne se portent à la bouche des canons que pour repousser l'attaque de l'ennemi.

L'autre moitié de l'escorte suit sur les ailes les mouvements de la batterie, et le renfort, qui doit être au moins aussi considérable que l'escorte, c'est-à-dire d'une compagnie, constitue une réserve prête à agir selon les circonstances.

Dans les mouvements rétrogrades, que la batterie effectuera par division, la réserve protégera la première division en retraite, mais sans pourtant la suivre jusqu'à sa nouvelle position, où elle recevra l'appui des troupes de l'arrière-garde.

C'est vers le milieu de l'intervalle qui sépare celle-ci de l'autre division de la batterie que la réserve prend position.

L'escorte accompagne les pièces, qu'elle soutient jusqu'à la hauteur de la réserve, où, se réunissant à celle-ci, toutes deux continuent de couvrir la retraite de cette division de la batterie.

Dans l'entre-temps, l'autre division se sera vraisemblablement mise en mesure de protéger la retraite de l'escorte, à laquelle l'arrière-garde prêtera aussi son concours, s'il en est besoin.

Terminons en rappelant que la retraite précipitée de l'artillerie a toujours des résultats désavantageux.

On ne les prévient qu'en lui donnant une escorte qui ne soit pas réduite à une défense absolument passive. C'est par des flanquements de troupes que l'on parvient le mieux à arrêter les progrès d'un ennemi supérieur en forces, et, quand on y emploie de la cavalerie, il ne faut pas oublier qu'indépendamment de la liberté de ses mouvements, il est nécessaire de lui conserver la possession d'une certaine étendue de terrain.

Il est difficile d'éviter les fautes de tactique, et cependant un ennemi capable et vigilant les punit généralement sévèrement. C'est assez dire combien il importe d'apporter tous ses soins à n'en point commettre, ce à quoi l'on ne parvient guère qu'imparfaitement.

En l'absence de prescriptions réglementaires touchant la conduite de l'escorte de nos batteries en campagne ; dans le vague où sont restées les théories des militaires éclairés sur cette question, qui mérite de fixer l'attention des hommes compétents, nous aurons encore fait une chose utile, si ce que nous en avons dit les sollicite à la dégager de l'obscurité où elle paraît être restée dans notre armée jusqu'à ce jour. Nous faisons bien plus appel à leurs lumières que nous n'avons la prétention de l'avoir résolue de manière à ne soulever aucune contradiction d'hommes de guerre expérimentés.

CHAPITRE IV.

Généralités sur la défense fixe du littoral et des îles frontières; considérations sur les bombardements; des batteries permanentes destinées à la défense des grandes rades, des ports de refuge et à protéger la navigation du cabotage; principes pour l'établissement des batteries de côte et des goulets; de leur construction; des réduits et des garnisons à leur affecter; de l'approvisionnement des batteries en munitions.

Il est généralement admis que la défense des côtes nécessite leur armement permanent, susceptible d'exde couvrir de mitraille les embarcations qui tenteraient d'opérer un débarquement.

Les batteries rasantes, au contraire, sont redoutables de près comme de loin, et d'autant plus redoutables qu'elles sont plus rasantes; mais elles ont l'inconvénient d'être exposées aux ricochets de l'ennemi.

Bien qu'il soit peu probable que les officiers de la marine aient à faire construire des batteries de côte, il peut cependant se produire telles circonstances où des notions rationnelles sur cet objet leur fussent d'une utilité incontestable.

On peut avoir à renforcer une ligne d'embossage, ou à fortifier un point situé loin de la mère patrie et manquer d'hommes spéciaux pour diriger ces travaux. Cette double supposition rend peut-être opportune la rapide exposition des principes formulés par la commission, dont nous venons d'analyser une partie de l'important travail.

La direction de l'objet à battre détermine naturellement le tracé de la ligne de feu.

Le sol naturel est ce qu'il y a de plus économique pour asseoir le terre-plein, dont la solidité est aussi le mieux assurée de la sorte. Mais on n'a pas toujours la possibilité d'agir ainsi ; parfois, il est nécessaire d'élever artificiellement le terre-plein au-dessus du sol, de même qu'il peut être avantageux de l'enfoncer. Dans ce dernier cas, il ne faut pas négliger de prendre ses précautions contre l'envahissement des eaux ou des sables.

Le terre-plein des batteries de côte, destiné à recevoir un armement dont le poids est considérable, ne doit pas avoir moins de 8 mètres de largeur.

Il est de règle de laisser un intervalle de 7 mètres entre les directrices des pièces et de conserver au moins 3m50 de distance entre les directrices extrêmes et les retours ou côtés de l'épaulement, à moins que les localités ne s'y opposent, ce qui a lieu assez fréquemment sur les côtes, où les emplacements de cette nature ne sont pas aussi communs qu'on pourrait le supposer.

Il en résulte qu'on est souvent contraint de n'avoir qu'un intervalle de 5 mètres entre les directrices, mais c'est là un minimum qu'il ne convient pas de dépasser.

On conçoit, au reste, que les batteries qui battent directement ou de flanc les passes ou les goulets n'ont pas besoin de tenir leurs pièces éloignées de 7 mètres l'une de l'autre, puisqu'elles n'ont à tirer que dans une seule direction et que ni leur manœuvre ni leur approvisionnement n'auront à souffrir de ce rapprochement à 5 mètres.

Aussi, lorsque l'on construit des batteries de côte importantes et que l'emplacement manque pour donner à l'épaulement une augmentation d'étendue telle qu'on puisse, au besoin, renforcer le nombre des pièces, en maintenant un écartement de 7 mètres entre elles, corrige-t-on cet inconvénient en réduisant l'intervalle qui les sépare à 5 mètres, ce qui donne une pièce en plus par distance normale de trois bouches à feu.

Cette disposition est favorable à la concentration des feux, principe d'une application aussi importante contre des vaisseaux qu'en campagne et dans la guerre de siége. Il est, en effet, recommandé de réunir l'action du plus grand nombre de pièces possible sur chaque vaisseau, au fur et à mesure qu'il s'en présente dans la sphère d'activité de la batterie.

En ce qui concerne le profil des batteries, la commission proposait de donner à la crête intérieure 2m30 de hauteur et de fixer à 6 mètres l'épaisseur du coffre, comptée de crête en crête, ce qui n'est autre chose que la cote ordinaire adoptée pour les batteries en général. Ces dimensions lui ont paru suffisantes pour résister aux pénétrations des projectiles tirés par les pièces de mer, aux distances habituelles.

L'inclinaison de la plongée doit satisfaire à la condition de découvrir autant que possible les objets à battre; elle est au moins de un dixième pour l'écoulement des eaux.

Les épaulements en maçonnerie, produisant beaucoup d'éclats dangereux pour les canonniers, sont repoussés, en principe, par la commission, qui n'admettait tout au plus qu'un demi-encaissement pour asseoir l'épaulement en terre et seulement lorsque les circonstances locales obligeraient d'avoir recours à cette disposition.

Un grand champ de tir compensant en partie le désavantage de l'immobilité des bouches à feu, les batteries à barbette sont préférables à celles à embrasures, excepté dans le cas particulier où le champ de l'embrasure comprend toute la surface à battre.

Il est presque toujours nécessaire de couvrir l'intérieur des batteries de côte par des épaulements en retour et même quelquefois à l'aide de traverses, lorsque l'on craint les ricochets de l'ennemi. Mais ce n'est qu'en cas d'absolue nécessité qu'on en vient à élever des traverses, attendu qu'il faut qu'elles aient, en terrain horizontal et dans les circonstances ordinaires, 2m30 de hauteur, 6 mètres de longueur, si elles sont perpendiculaires à l'épaulement, et 4 mètres d'épaisseur au sommet, ou au minimum 3 mètres. Ensuite, indépendamment de ce qu'elles occupent un espace précieux dans le terre-plein, elles divisent le commandement et la surveillance du chef.

Le relief et le tracé des traverses se déterminent de manière à défiler le terre-plein à 2 mètres au-dessus de la queue des plates-formes, tout en évitant avec soin de masquer les feux du réduit.

L'approvisionnement des pièces pendant le combat motive une disposition particulière, qui consiste à ménager des abris à portée des bouches à feu, où l'on dépose quatre coups et autant d'obus, dans des caisses en cuivre ou en bois, dès le commencement de l'action. Ces abris sont ou une tranchée ou une traverse parallèle à l'épaulement, laissant entre leur talus extérieur et les heurtoirs un terre-plein de 8 mètres de largeur. Lorsque, pour une cause quelconque, on ne peut recourir à ce moyen, il convient de pratiquer de petits magasins dans l'épaisseur des traverses ou des épaulements en retour.

On conçoit, au surplus, que quand le réduit est à 30 ou 40 mètres de la batterie, ce qui peut très-bien arriver, l'approvisionnement des pièces deviendrait très-fatigant, s'il fallait sans cesse parcourir cet espace. D'ailleurs, ces dispositions ont encore cela de bon qu'elles permettent de profiter mieux des masques naturels du terrain, pour établir le réduit, sans la place ne jouiront certainement pas des mêmes avantages.

Quel moyen de rétablir une sorte d'équilibre entre la défense et l'attaque, si ce n'est d'opposer à celle-ci une force mobile qui la contraigne à diviser son action, ou à se rapprocher des ouvrages, si elle ose tenter d'enlever les navires qu'on aura fait sortir pour la combattre ?

Ensuite, n'est-il pas probable qu'on se servira de petits bateaux canonniers, munis d'une ou de deux pièces de gros calibre seulement et doués d'une vitesse mécanique telle qu'ils puissent harceler l'ennemi sans trop se compromettre ?

Les bâtiments cuirassés, pourvus de machines puissantes, apparaissent aussi comme l'un des moyens énergiques dont la défense fera sans doute usage, partout où les profondeurs d'eau permettront de manœuvrer des vaisseaux ou de grandes frégates.

Si l'on parvient à imprimer neuf à dix nœuds de vitesse à des bateaux canonniers portant un canon se chargeant par la culasse (et nous croyons qu'on y arrivera), il faudra compter désormais sur les côtes avec de terribles tirailleurs, d'autant plus à craindre qu'ils passeront à peu près partout, et que leur petitesse les dérobera souvent aux vues de l'ennemi.

Ces bateaux, d'une construction peu coûteuse et facile en tous lieux, que les canaux et les chemins de fer peuvent transporter, montés ou prêts à l'être, de l'une à l'autre extrémité de l'empire, dont la concentration s'effectuerait, sur un coup de télégraphe électrique, dans une zone maritime donnée, où les abris ne leur manqueraient pas, nous semblent créer un moyen de puissance nouveau, moins à dédaigner pour nous que pour nos voisins d'outre-Manche, à qui la guerre par masses profitera toujours plus qu'à nous, par la raison toute simple que, même après une bataille perdue, les immenses ressources maritimes des Anglais leur permettent de se montrer redoutables au lendemain d'un échec qui pour d'autres serait une défaite désastreuse.

Nous avons, quant à nous, foi dans l'avenir de la guerre de guérillas sur mer, appuyée sur des forces régulières bien organisées.

S'il nous fallait engager une lutte suprême avec nos orgueilleux voisins, pour sauvegarder quelque grand principe ou venger notre honneur national outragé, nous ne doutons pas que nous ne leur rendissions en quelques heures une bonne partie du mal qu'ils auraient pu nous faire.

Le calme avec de la brume, les courants et les tempêtes, nous sont un sûr garant que les croisières et les blocus, si hermétiques qu'on les suppose, ne sauraient s'opposer à d'audacieuses combinaisons offensives pouvant s'exécuter très-promptement, sans qu'on eût même besoin de mettre en enjeu une notable partie de nos ressources maritimes.

De nombreuses divisions de bateaux canonniers, prêtes à obéir au premier ordre, seraient, nous n'en doutons pas, l'un des moyens les plus efficaces pour forcer nos voisins à des armements ruineux pour leur trésor, tant dans la Manche que dans les îles du canal et sur leurs propres côtes. Vulnérable dans toutes les parties du globe, la seule nation dont nous ayons à redouter des expéditions maritimes sur notre littoral ne pourrait laisser sans protection ses principaux établissements extérieurs, et, sans parler des diversions lointaines, qui tiendraient son commerce perpétuellement en alarme ; sans tenir compte de la menace d'un grand débarquement au cœur de sa puissance , elle souffrirait vraisemblablement des maux qui lui sont inconnus. La mobilité rend souvent insaisissable à la guerre, et nous saurions sans doute y puiser une partie de notre force.

Tout en faisant des vœux sincères pour que les calamités d'une guerre avec l'Angleterre soient épargnées aux deux nations qui marchent à la tête de la civilisation, disons cependant, parce que telle est notre conviction, que les éléments de la lutte ne nous ont jamais été aussi favorables qu'à notre époque. Nous en comprenons tous les dangers, non-seulement pour nous-mêmes, mais pour le monde entier ; cependant cela ne doit pas nous empêcher de les envisager avec sang-froid.

Rien de grand ne s'accomplit sans douloureux sacrifices ; souhaitons donc à deux peuples également dignes d'estime et de respect de n'avoir point à combattre l'un contre l'autre ; l'humanité n'aurait qu'à en gémir, la civilisation et la liberté à en prendre le deuil.

Nous ne nous sommes laissé entraîner à cette digression, peut-être un peu longue, que pour mieux démontrer les nécessités d'une défense mobile de nos côtes, plus considérable qu'elle ne l'a jamais été.

Revenons donc à notre sujet et examinons premièrement les principes sur lesquels repose la défense fixe des rades susceptibles d'abriter des escadres de guerre.

C'est par un système de batteries de côte, généralement rattachées à des places ou à des forts qui leur servent d'appui, que l'on prépare les moyens de repousser les attaques de vive force.

Ces batteries doivent, pour atteindre leur but, n'avoir point à craindre les surprises de l'ennemi.

Lorsqu'elles sont dominées par des hauteurs et séparées du corps de place, il est absolument nécessaire que les points qui les commandent soient fortifiés, car, si l'ennemi s'en emparait, il paralyserait la défense avancée de la rade ou du port.

Les forts du Caire et de la Croix des Signaux, à Toulon, sont des exemples de cette disposition.

Quant aux petits ports, aux rades et aux refuges propres à servir aux navires de commerce, leur protection est habituellement confiée à des batteries de côte, plus ou moins fortes, selon l'importance des localités et des intérêts à sauvegarder.

Le cabotage exige également que les lieux où il stationne et se réfugie, au besoin, soient défendus d'une manière permanente. Mais les hommes spéciaux qui paraissent avoir le mieux étudié la question sont d'avis que des convoyeurs à vapeur, munis de pièces de gros calibre, garantiront beaucoup mieux la navigation côtière contre les entreprises des croiseurs légers de l'ennemi que ne le feraient des batteries établies à l'extrémité des caps, où leur isolement les expose à être surprises, enlevées, enclouées ou jetées à la mer, ce qui a eu lieu jusqu'à trois fois pendant la dernière guerre, pour une même batterie située de la sorte, entre Toulon et Antibes.

Une commission d'officiers généraux et supérieurs des départements de la guerre et de la marine qui, du 6 mars 1841 à la fin de l'année suivante, a procédé à l'étude et à la reconnaissance des côtes de France, de ses îles frontières et de la Corse, repoussait comme dispendieuse et tout à fait inefficace cette dissémination de petites batteries sur une multitude de points du littoral, où elles étaient bien plus une satisfaction donnée aux appréhensions des habitants qu'une protection sérieuse pour le commerce maritime.

Cette commission proposait donc de substituer à une ligne de défense fixe, faible partout, des centres d'action moins nombreux mais plus redoutables, et susceptibles d'interdire, en tout ou en partie, l'accès des mouillages ou des passages fréquentés par les caboteurs ; d'adopter pour l'artillerie de côte les mêmes calibres que ceux en usage dans la marine et une composition uniforme d'armement et d'approvisionnement ; de pourvoir chaque batterie d'un réduit destiné à protéger le terre-plein, à assurer le feu de l'épaulement et la retraite des canonniers, ainsi qu'à conserver les approvisionnements et à loger le personnel nécessaire au service de la batterie.

Après s'être convaincue sur les lieux combien la situation et la destination des batteries de côte différaient entre elles, la commission repoussait toute classification absolue des établissements de la défense fixe, pensant qu'il fallait, avant tout, en baser l'importance sur les convenances locales ; mais elle n'hésitait pas à proscrire, en principe, l'emploi de batteries de moins de quatre pièces, excepté dans les circonstances où il s'agirait de protéger les petits mouillages de caboteurs contre les insultes des corsaires ou des bâtiments de flottille de l'ennemi, dont les attaques ne sauraient être ni obstinées ni sérieuses. Dans ce cas, des batteries de trois pièces pouvaient suffire à leur but.

Ses conclusions, en matière de calibres, étaient que les canons de 30 et les obusiers de 22 cent. devaient seuls être employés dans la défense fixe, ainsi que les mortiers à plaque de 32 cent.

Elle affectait les obusiers en bronze de 12, 15 et 16 cent. à la défense mobile à terre, de même qu'à celle des réduits et des postes garde-côtes.

Sans aucun doute, le canon de 24 rayé sera substitué prochainement à ceux de 30 lisses, et nous ne doutons pas que le canon-obusier en bronze ne remplace très-avantageusement les trois calibres précités, destinés à la défense mobile.

La commission n'admettait guère qu'on eût à établir des batteries de côte comptant plus de douze pièces, excepté dans les passes, les goulets et sur les fronts des places donnant sur la mer.

En général, des batteries de 12, 8 et 4 pièces lui semblaient parfaitement convenir à la défense fixe du littoral, et elle conseillait de les composer de canons et d'obusiers, en proportions égales.

Les fronts maritimes des places pouvaient cependant n'être pourvus que d'obusiers de 22 cent., disposition qui a été adoptée dans plusieurs de nos grands établissements, et qui souffrira vraisemblablement moins de modifications que n'en amènera probablement l'adoption du canon de 24 rayé dans l'armement des batteries de côte, quant à la proportion des obusiers à y employer.

La disposition horizontale du terrain détermine le plus souvent l'emplacement des batteries de côte, dont le relief est ordinairement subordonné aux considérations locales jusqu'aux limites où le tir, par son élévation, cesse d'être efficace.

Cette règle n'est cependant point applicable à la fortification des passes et des goulets, où il s'agit, avant tout, de causer à l'ennemi le plus de mal possible, pendant le temps toujours très-court que les vaisseaux mettent à les traverser.

Une disposition rasante doit donc alors être préférée à toute autre, attendu que c'est celle qui est le plus favorable à la portée des pièces, à l'étendue du pointage, ainsi qu'au tir à ricochet, sous de petits angles.

Ces considérations empruntent une nouvelle importance aux circonstances actuelles, car non-seulement les canons rayés donnent de très-grandes portées, mais leur tir de plein fouet est d'une justesse remarquable à 1500 ou 1800 mètres.

On admettait autrefois qu'il convenait de limiter à 1200 mètres la distance qui séparait les batteries des goulets.

Lorsque les vaisseaux ne pouvaient en passer plus loin, leur tactique était de s'approcher le plus près possible des batteries, afin de rester moins longtemps dans le champ de tir de chaque pièce et des pièces contiguës.

Évidemment aujourd'hui ils parviendront plus difficilement à se dérober aux feux du rivage opposé à celui qu'ils rangeront, et tout ce qui favorisera l'amplitude du tir leur sera contraire.

Mais il faut considérer que les vaisseaux bardés de fer seront infiniment moins vulnérables que les anciens navires.

Si, pour apprécier approximativement les dangers qu'ils courront, nous admettons la supposition qu'ils auront à défiler, avec une vitesse de six nœuds, devant un développement de deux mille mètres de batteries de côte, il leur faudra tout au plus 14 ou 15 minutes pour les dépasser.

Or, les pièces de côte actuelles mettent environ deux minutes pour tirer avec soin sur un but mobile : ce sera donc six ou sept coups que chacune d'elles pourra envoyer, dans la période précitée.

Les nouveaux canons, se chargeant par la culasse, se manœuvreront probablement plus vivement que ceux actuellement en service ; mais il n'en faudra pas moins tenir compte, comme autrefois, en faveur des vaisseaux, des secteurs d'impunité qu'ils traverseront, de l'épaisse fumée dont ils seront vraisemblablement enveloppés et des avantages immenses résultant pour eux d'avoir un moteur mécanique puissant. N'étant plus soumis aux variations du vent ; comptant pour peu de chose la mer et les courants ; n'ayant point à redouter de voir leur manœuvre paralysée par la chute de quelque pièce importante de mâture ou à la suite d'un échouage occasionné par une saute de vent ou tout autre accident atmosphérique, on doit croire que les capitaines puiseront dans cet état de choses une confiance audacieuse, sans laquelle nous ne croyons pas qu'il y ait de grands succès à attendre en marine.

Quoi qu'il en soit de ces appréciations, il nous semble qu'on en peut tirer la conclusion que les moyens naguère réputés formidables pour la défense de l'entrée des rades auront besoin d'être complétés désormais par un dispositif intérieur et une force maritime mobile respectables.

Les batteries les plus dangereuses aux vaisseaux sont celles établies dans des positions un peu élevées, situées à quelque distance du rivage, ou les batteries rasantes, revêtues en terre et placées de telle sorte que l'ennemi ne puisse les croiser que de loin. Ces dernières peuvent alors faire un feu à ricochets très-rasants, fort efficace, quand la mer est belle.

En général, le jeu des vaisseaux qui veulent éteindre le feu des batteries de côte, soit pour protéger un débarquement, soit pour opérer une diversion sérieuse, est de s'embosser à petite portée des ouvrages, afin d'en couvrir de mitraille les défenseurs et de les fusiller des hunes.

Il importe donc beaucoup de profiter des obstacles naturels qui s'opposent à ce que les batteries puissent être serrées de près au feu.

Lorsqu'elles sont destinées à repousser des tentatives de débarquement exécutées en forces, ce qui a plus particulièrement lieu dans les îles, il est absolument nécessaire qu'elles occupent des positions dominantes et bien choisies, car, quoi qu'on fasse, des batteries rasantes auront sans doute beaucoup à souffrir d'un combat prolongé contre des vaisseaux cuirassés, dont l'artillerie sera toujours plus concentrée que celle des côtes.

Les avantages principaux à rechercher, en pareil cas, consistent à procurer un bon défilement aux batteries, tant à l'aide du terrain qu'elles occupent qu'à l'abri de leur parapet.

Lorsqu'elles sont défendues ainsi contre les feux des vaisseaux ; que des réduits convenables les protégent contre toute surprise et contraignent l'ennemi à débarquer du canon pour s'en emparer, ce qu'il ose rarement faire, parce que des secours auraient le temps d'arriver ; quand ces batteries découvrent bien les mouillages et peuvent conséquemment battre les navires qui s'y trouvent, les tentatives de débarquement doivent souvent échouer avant d'atteindre au rivage, ce qui vaut toujours mieux que d'avoir à combattre un adversaire qui a déjà mis le pied à terre et dont l'ascendant est, par cela seul, souvent irrésistible, nonobstant les obstacles locaux qu'il peut avoir à surmonter

Ce que nous venons de dire touchant l'établissement des batteries nous conduit à examiner quel est, en principe, le relief le plus favorable à leur donner au-dessus de la mer.

L'expérience a démontré que les projectiles ricochent sur l'eau sous des angles de 0° à 8 degrés, mais que le tir sous celui de 5 degrés donne les ricochets le plus avantageux.

Toujours est-il qu'il faut que les ricochets commencent à environ deux cents mètres des batteries. On a alors un triangle rectangle dont les trois angles et l'un des côtés sont connus, ce qui permet de déterminer la hauteur des batteries, que l'on trouve être de 14 à 18 mètres.

Le canon de 30 de côte, tiré dans ces conditions, ricoche depuis 200 mètres jusqu'à 1200 ou 1300 mètres, et cette hauteur suffit pour mettre à l'abri des ricochets des vaisseaux, qui tirent aussi d'une certaine élévation au-dessus du niveau de la mer.

C'est, au moins, ce qu'affirme le rapport de la commission précitée.

M. Piobert établit, dans son Traité d'artillerie, que le ricochet sera employé dans les circonstances les plus favorables lorsque les vaisseaux ne pourront s'approcher à moins de 200 mètres des batteries et qu'elles seront situées à 15 ou 16 mètres au-dessus de la mer, ce qui revient à dire que l'angle de cinq degrés est le plus avantageux, puisqu'il donne quinze mètres pour hauteur de batterie, correspondant au point de chute de 200 mètres.

Cette hauteur, au surplus, pourrait être augmentée sans grand inconvénient, s'il existait des obstacles à ce que les bâtiments s'approchassent jusqu'à 200 mètres des batteries ; mais il ne faudrait pas alors perdre de vue que, sous l'angle de huit degrés, le ricochet est très-incertain, pour peu que la mer soit agitée.

La hauteur des batteries se compte de la crête du parapet ; elle se compose de son élévation au-dessus des grandes marées et de la quantité variable dont la mer se trouve au-dessous de ce niveau, au moment du tir.

Le mouvement des eaux qui, sur certains points de notre littoral de la Manche, dépasse neuf mètres dans les grandes marées, doit naturellement être pris en considération pour le choix de l'assiette des batteries, car il influe nécessairement sur la direction à donner au tir.

Il importe donc de le bien connaître pour chaque localité, ainsi que la nature du fond et des sondes qui les avoisinent, afin d'en déterminer l'armement en raison des attaques dont elles peuvent être l'objet.

Il va sans dire qu'on évite de les établir sur des croupes de rocher, ou de les adosser à des falaises ; les projectiles de l'ennemi y multiplieraient des éclats très-meurtriers pour les canonniers.

Lorsque le terrain entre la mer et l'épaulement est disposé en talus susceptible de relever le ricochet des attaques et de le conduire jusque dans les batteries, le procédé le plus simple pour obvier à cet inconvénient est de disposer le talus en ressauts artificiels ou banquettes horizontales.

Tels sont les principes touchant le relief à donner aux batteries de côte ; mais la nature du terrain est, le plus généralement, la considération déterminante pour faire décider si le relief doit atteindre le maximum favorable aux ricochets, ou s'il est préférable de borner son élévation au minimum convenable pour éviter d'être tourmenté par la masse des projectiles de l'attaquant.

Ajoutons que si les batteries élevées au-dessus des ricochets de l'ennemi sont incontestablement moins exposées aux ravages de ses feux, elles ont le désavantage d'avoir un tir plus fichant, moins juste, et perdent, en outre, plus promptement la faculté de bien ricocher. Ensuite, il existe au-dessous d'elles une zone plus ou moins étendue, dans laquelle l'adversaire peut se mouvoir sans avoir rien à craindre de la défense fixe, ce qui enlève à celle-ci la faculté tension accidentellement sur tels points menacés plus particulièrement par l'ennemi, ou devant servir de base ou de lieu de concentration à des combinaisons offensives.

Les problèmes que suscite cette question ne paraissent pas avoir été résolus d'une manière définitive, nonobstant les nombreuses études dont elle a été l'objet et auxquelles ont pris part les militaires les plus distingués. Indépendamment des difficultés qu'elle soulève, les progrès incessants qui s'accomplissent dans l'art nautique et dans celui de l'artillerie tendent à modifier l'application des principes à ce sujet, mais sans toutefois détruire la nécessité d'une bonne défense fixe, complétée par des forces mobiles, dont l'importance s'accroîtra nécessairement en raison des facultés nouvelles résultant de l'application de la vapeur à la navigation; du tir perfectionné des gros calibres, à de grandes distances; de la possibilité démontrée d'armer des navires de petites dimensions avec une artillerie puissante, et de rendre beaucoup moins vulnérables les vaisseaux de guerre, en les bardant de fer à l'extérieur, sans renoncer pour cela à les munir d'un moteur mécanique capable de leur imprimer une vitesse satisfaisante.

En tout état de choses, il importe de se rendre compte des opinions qui se sont produites jusqu'à présent, touchant cet intéressant sujet, ne dussent-elles servir que de point de départ aux travaux sérieux qu'il comporte. Les hommes les plus compétents paraissent avoir admis, jusque dans ces derniers temps, qu'il suffisait, pour assurer la défense du littoral, d'une seule ligne de fortifications, plus ou moins espacées entre elles, et d'une importance en rapport avec leur objet.

Cette manière de voir souffre cependant des exceptions, lorsqu'il faut, par exemple, interdire des ancrages extérieurs à l'ennemi ou s'opposer à ce qu'il occupe quelque position militaire à proximité de nos établissements, telle qu'une île ou une presqu'île, où il pourrait, en outre, établir des hôpitaux, des dépôts de vivres, munitions, etc., etc.

Si, au début d'une guerre, l'ennemi pouvait s'emparer de nos îles frontières, il y créerait non-seulement des parcs à charbon, mais trouverait encore à y renouveler son eau et à s'y procurer des rafraîchissements.

Il gênerait de là nos communications, désolerait le cabotage et causerait, en un mot, tous les dommages qu'a occasionnés jadis sa présence aux îles d'Hyères, dans la Méditerranée, d'Houat, d'Haedik et de Saint-Marcouf, dans la Manche.

Lorsque, au contraire, ces îles sont bien défendues, elles deviennent les sentinelles avancées du continent, dont elles couvrent et défendent les approches, en maintenant l'ennemi éloigné, ou en menaçant ses derrières, s'il ose tenter quelque entreprise entre elles et la terre ferme.

Inutile d'insister sur l'importance qui s'attache à ce qu'on prive l'adversaire de tout moyen d'établir des dépôts de charbon à portée de nos ports. Chacun comprend de reste combien le manque de point fixe, rapproché de nos côtes, doit rendre ses croisières plus onéreuses, d'une exécution moins facile et parfois inefficaces pour empêcher les opérations offensives à travers les escadres de blocus.

Le système d'après lequel nos îles frontières sont fortifiées part de ce principe, qu'il est avantageux de concentrer, autant que possible, la défense permanente près des ports ou havres les plus voisins du continent, sur lequel on établit généralement quelque ouvrage, vis-à-vis la forteresse ou le réduit insulaires, pour augmenter la promptitude et la sécurité des communications, assurer, en tout temps, le passage des secours et des approvisionnements. Le fort de Groix, la citadelle de Salins, à Belle-Isle, celle de Saint-Martin, dans l'île de Ré, le fort de l'île d'Yeu, sont établis sur ce principe, auquel on ne déroge que lorsqu'une île est assez petite pour qu'en occupant une position à l'intérieur, tous les points accessibles de ses rivages soient battus par l'artillerie de l'ouvrage. C'est ainsi qu'ont été placés les réduits de Saint-Marcouf, Dumet et Haedik.

Des batteries de côte complètent, s'il y a lieu, les dispositions de la défense fixe.

Il est de règle de leur choisir des positions fortes et de difficile accès, se reliant, autant que possible, à l'établissement principal, par une route de ceinture. Leur affaire est de maintenir l'ennemi à distance et de contrarier ses opérations de débarquement, car, une fois à terre, il aurait de grandes chances pour se maintenir dans l'île. Les batteries doivent donc pouvoir se suffire à elles-mêmes pendant un certain temps et être tenues à l'abri des surprises.

Justement préoccupés de garantir nos ports et nos arsenaux maritimes contre les bombardements, les plus habiles ingénieurs, entre autres les illustres généraux Darçon et Marescot, semblent n'avoir admis qu'un moyen d'y parvenir : celui de donner une grande extension au rayon des travaux avancés des places.

Mais ce qui suffisait jadis à cet égard, en raison de la portée des armes lisses, n'atteindrait point le but actuellement. D'ailleurs, en supposant que cela fût toujours praticable sur terre, comment y arriver, du côté de la mer, lorsque les points à protéger sont rapprochés des mouillages extérieurs que peut prendre l'ennemi?

Nous n'entrevoyons, à ce sujet, qu'une solution satisfaisante : c'est d'adjoindre à une défense fixe formidable une force maritime suffisante pour imprimer à la lutte un caractère mobile, dont la vigueur soit susceptible de repousser les entreprises audacieuses de l'ennemi, qui, s'il pouvait se placer à toute portée sans avoir à redouter autre chose que les feux incertains des ouvrages sur un but mobile et à peine perceptible, pourrait oser beaucoup, sans même être appuyé par des escadres.

La justesse de tir et la grande portée du canon rayé de 24 sont à elles seules, croyons-nous, la démonstration virtuelle que désormais quiconque dominera pendant quelques heures sur une certaine étendue de mer, pourra exécuter des bombardements sans courir des dangers sérieux.

La défense, sans nul doute, aura des pièces aussi redoutables que celles de l'attaquant.

Mais celui-ci tirera sur un but étendu, et bien visible à l'œil de ses pointeurs, tandis que les feux de qu'on doive sacrifier à cet avantage les facilités de l'approvisionnement.

Nous nous abstenons d'entrer dans d'autres détails concernant la construction des batteries de côte ; ce que nous en avons dit nous paraît devoir suffire à notre but, qui n'est que de relater sommairement les principes et les règles proposés à l'adoption du Gouvernement, par une réunion d'officiers généraux, dont les études sur cette question et tout ce qui s'y rattache n'ont pas duré moins de deux années.

Il nous reste cependant encore quelque chose à ajouter, pour donner à ceux de nos lecteurs à qui ce sujet n'est pas familier, des notions sur les dispositions accessoires qui se rattachent à la sécurité des batteries.

Nous serons bref, parce que nous n'entendons pas faire de ce chapitre une œuvre technique, et qu'en pareille matière, c'est tout au plus s'il nous est permis d'émettre des généralités, à l'utilité desquelles nous croyons cependant, en raison des sources respectables où nous les avons puisées.

L'art, on le sait, ne s'improvise pas ; il a ses règles et ses principes, que le génie seul modifie parfois, à de longs intervalles. Les exposer rapidement, c'est encore être utile à ceux qui les ignorent, d'autant que cela n'empêche pas d'accueillir les progrès de la science, quand il s'en produit de nouveaux.

Nous ne sachions pas, au surplus, que depuis la publication des remarquables travaux dont M. le capitaine, aujourd'hui général Soleille, a été le rapporteur, aucun corps de doctrine ait été publié sur la défense des côtes.

Autant que possible, les batteries de côte doivent se relier avec leur réduit, et les communications être couvertes contre les vues de l'ennemi par les accidents naturels du terrain, l'épaulement, le réduit, ou, à défaut d'autre moyen, à l'aide de simples parapets en terre. La sécurité que cela donne aux mouvements du matériel, ainsi qu'à l'approvisionnement des pièces, augmente beaucoup la valeur absolue des ouvrages.

Lorsqu'il est possible de creuser un fossé, mieux vaut le faire profond que large; il constitue ainsi un meilleur obstacle contre les surprises.

Dans les climats pluvieux, il faut ne pas omettre de donner aux ouvrages une forte pente, pour l'écoulement des eaux.

L'opinion de la commission était aussi que la puissance défensive des réduits devait être en rapport avec l'importance des batteries et, conséquemment, leur capacité proportionnée au nombre d'hommes qu'ils ont à recevoir en temps de guerre.

Elle entre, à cet égard, dans des développements que nous croyons inutiles de rapporter ici.

Qu'il nous suffise de dire qu'elle estimait qu'une garnison de soixante hommes assurait parfaitement la protection d'une batterie de douze bouches à feu, n'étant pas susceptible de recevoir des secours immédiats de quelque point fortifié important.

Une garnison de quarante hommes lui paraissait devoir être affectée aux batteries de huit pièces, et elle fixait à vingt fusiliers le soutien des batteries de quatre pièces. Considérant, au surplus, qu'en temps de guerre, les garnisons ne doivent pas se trouver réunies en entier dans l'intérieur des réduits, la commission pensait qu'ils devaient être assez spacieux pour permettre de doubler les effectifs précités, en substituant des hamacs aux objets de couchage habituellement en usage dans les établissements du département de la guerre.

Elle proposait, enfin, d'approvisionner les batteries ainsi qu'il suit :

Pour les batteries de première importance :

200 coups par canon de 30, dont	150	coups	à boulet plein;
	40	—	à boulet creux;
	10	—	à mitraille.
200 coups par obusier de 22c. . .	190	coups	à obus;
	10	—	à mitraille.

Pour les batteries de deuxième importance :

150 coups par canon de 30, dont	120	coups	à boulet plein
	25	—	à boulet creux;
	5	—	à mitraille.
150 coups par obusier de 22c. . .	145	coups	à obus ;
	5	—	à mitraille.

Batteries de troisième importance :

100 coups par canon de 30, dont	75	coups	à boulet plein;
	20	—	à boulet creux;
	5	—	à mitraille.
100 coups par obusier de 22c. . .	95	coups	à obus;
	5	—	à mitraille.

Les mortiers de 32 centimètres :
100 coups par mortier.

Ces chiffres diffèrent fort peu des bases adoptées par S. M. Napoléon Ier, qui avait fixé à 200 coups par pièce l'approvisionnement des batteries de 1re classe, à 160 coups celui des batteries de 2e classe et à 100 coups par pièce l'approvisionnement des batteries de 3e classe.

Ces quantités varieront vraisemblablement peu, quant à leur totalité par pièce, quels que soient les changements auxquels on doive s'attendre dans la répartition des charges diverses, lorsque les canons rayés auront été substitués à ceux actuellement en service pour la défense des côtes. D'ailleurs, les opinions du grand Empereur sont toujours bonnes à rappeler, et un enseignement même pour les plus capables.

CHAPITRE V.

Notions générales sur la guerre de siége.

Attaque.

Des avant-postes devant les places fortes ; ouverture de la tranchée ; service de tranchée ; travaux en avant de la première parallèle ; ouverture de la deuxième parallèle ; sape volante ; demi-place d'armes ; sape pleine ; troisième parallèle ; sape double ; cavaliers de tranchée ; couronnement du chemin couvert ; couronnement de vive force ; batteries de brèche et quatrième parallèle ; dispositif pour l'enlèvement des demi-lunes ; descente de fossé ; passages de fossés ; logement sur la brèche ; dispositif pour l'assaut au corps de place.

La marine militaire a souvent concouru aux opérations de la guerre de siége.

Sans parler de ses brillants exploits dans l'Inde, sous Dupleix et Mahé de Labourdonnaye, les faits contemporains témoignent qu'en Morée, à Rome et à Sébastopol, elle a pris une part plus ou moins active aux travaux de ce genre.

On sait aussi qu'il a été récemment question d'attaquer Hué ; il ne nous paraît donc pas inutile de compléter notre œuvre en exposant quelques notions sur cet important objet.

Chacun sait qu'avant d'entreprendre un siége, on procède d'abord à l'investissement de la place.

Quelles que soient les dispositions commandées à cet égard par les localités, le service des avant-postes n'est pas tout à fait le même qu'en campagne, et mérite conséquemment de fixer l'attention.

Leur distribution, déterminée surtout par la forme du terrain et les propriétés spéciales des différentes armes, présente toujours un réseau plus serré qu'en rase campagne.

L'infanterie qui, devant les places, a communément peu à redouter les attaques de la cavalerie, ne craint guère de s'y compromettre et ose beaucoup. Elle se poste généralement près des routes et des points favorables à la résistance, sous le feu desquels l'ennemi devra nécessairement passer.

Nous ne sachions pas qu'il soit arrivé qu'une troupe d'infanterie, bien composée, ait jamais mis bas les armes devant une sortie qui l'aurait coupée de ses soutiens. En pareil cas, on n'hésite pas à tomber baïonnettes basses sur les flancs de l'ennemi, s'il faut absolument se faire jour pour se porter en arrière.

L'artillerie qui appuie les détachements s'attache à bien balayer les approches des positions qu'ils occupent, et la cavalerie s'étudie surtout à conserver de l'espace en avant et sur ses flancs. Il importe assez peu qu'elle s'établisse ayant à dos quelque défilé, puisque les sorties ne peuvent ordinairement la menacer que d'un seul côté, sur une direction déterminée, et qu'il lui suffit, pour être dans de bonnes conditions tactiques, de pouvoir manœuvrer librement sur les flancs ou les derrières de l'ennemi.

La surveillance des avant-postes devant les places fortes est plus facile qu'en rase campagne, en ce sens qu'elle s'exerce sur une étendue de terrain relativement circonscrite ; mais ce service n'en est pas moins dangereux et fort épineux , parce qu'on est en présence d'un ennemi rapproché, très-concentré, toujours en état de défense et pourvu de moyens énergiques à tous égards.

La garnison, en effet, trouve une protection efficace sous le feu de l'artillerie des remparts et du chemin couvert.

L'initiative des attaques lui appartenant, elle n'opère qu'à ses heures, à l'improviste et dans les conditions qu'elle juge favorables, contre une ligne d'investissement étendue.

Alors même que ses avant-postes extérieurs ont été rejetés dans la place, elle peut encore conserver quelques postes très-forts sur les glacis, parfaitement soutenus par les feux des ouvrages, et, indépendamment des avantages résultant d'une connaissance parfaite du terrain, les défenseurs du chemin couvert assurent à ces postes un appui immédiat, dont profitent également les sorties, quand elles sont ramenées.

Il n'existe donc aucune parité entre les avant-postes de la place et ceux des corps d'investissement, dont les dispositions doivent être prises en vue de paralyser l'action offensive de la défense.

Si l'on n'avait à se prémunir contre les sorties des assiégés, pour s'opposer à un investissement complet, il suffirait de se garder militairement, sans prendre des précautions particulières à cet égard. Ils peuvent d'ailleurs avoir un puissant intérêt à communiquer avec les dehors de la place, soit pour donner la main à des secours attendus, soit pour augmenter leurs approvisionnements de toute espèce.

Lorsque les travaux de siége sont commencés, c'est encore par des sorties qu'on parvient à les entraver, et la plus vulgaire prudence exige, au surplus, qu'on se tienne en garde contre une sortie générale tendant à se faire jour à travers les lignes de l'assiégeant.

Des diverses considérations que nous venons d'énumérer résultent les dispositions à prendre pour être en mesure de repousser les sorties de l'ennemi.

Il est évident qu'une chaîne continue d'hommes ou de petits postes serait impuissante à remplir cette tâche, puisqu'étant faible partout, elle ne saurait résister nulle part à un effort vigoureux. Des corps d'appui importants, occupant de bonnes positions, sont donc seuls capables d'assurer la possession du terrain conquis, ce qui, pour l'assiégeant, est l'affaire principale et d'une exécution assez difficile, attendu que l'assiégé peut toujours proportionner son action à ses vues, et que ses sorties conservent tout d'abord une supériorité relative sur la partie des avant-postes attaquée. Ceux-ci doivent évidemment être secourus promptement, sous peine d'être forcés de reculer et de renoncer à une lutte pied à pied, pour se replier, comme en campagne, sur leurs appuis placés en arrière, ce qui a nécessairement pour résultat de livrer à l'ennemi un terrain qu'il s'agit de conserver, avant tout.

Aussi ne se résout-on à la retraite que lorsqu'il est absolument impossible d'opiniâtrer le combat sur place, jusqu'à ce que des renforts viennent changer la face des affaires.

Mais il faut considérer que l'assiégeant se trouve, en cela, dans des conditions défavorables vis-à-vis l'assiégé, qui est en possession de la ligne intérieure d'opérations, dont les avantages lui restent, tant qu'il est protégé par les feux de la place. Il ne les perd que lorsqu'il s'éloigne trop des ouvrages, et c'est alors le cas, pour l'attaquant, de profiter de la forme enveloppante de sa ligne d'avant-postes, pour essayer de cerner ou de couper les sorties de la place.

En principe, plus la ligne d'investissement sera resserrée, moins il y faudra de troupes et mieux s'exercera la surveillance des avant-postes, dont le système général comprend :

1° Une première ligne de grand'gardes d'infanterie et de cavalerie, selon le terrain, couvertes en avant par un réseau de sentinelles et de vedettes qu'elles fournissent et rapprochent autant que possible des ouvrages ;

2° D'une deuxième ligne destinée à renforcer ou à recevoir la première et composée de piquets assez forts pour prévenir, en toutes circonstances, un mouvement rétrograde trop prononcé;

3° D'un ou plusieurs détachements principaux, susceptibles de combattre en forces les grandes sorties de l'ennemi.

La manière dont fonctionne ce dispositif a beaucoup d'analogie avec le service des avant-postes en rase campagne.

Autant que possible, on précise à chacun la part de surveillance qui lui est confiée, et c'est surtout sur les points favorables aux sorties poussées loin de la place qu'il convient d'exercer la plus active vigilance, qui est, au reste, de rigueur sur toute la ligne de l'investissement.

Lorsqu'il existe des objets couvrants, tels que ruines, clôtures, maisons, etc., en dehors de la ligne des avant-postes, et qu'il est impossible de les y faire entrer, il est de règle de les occuper isolément, afin d'enlever à l'ennemi la faculté d'en profiter pour masquer ses mouvements ou mieux épier ceux du corps de siége.

La distance à laquelle se tiennent les postes avancés n'a rien de fixe et ne se calcule pas sur la portée du canon, dont on n'use point habituellement contre des hommes isolés. C'est généralement en dedans de la portée du fusil que les sentinelles avancées prennent position, à l'abri des accidents naturels du terrain, ou, à défaut, dans des trous creusés en terre.

Il est probable que désormais on y emploiera peu de vedettes, car elles auraient beaucoup à souffrir du tir des armes de précision, si elles se tenaient, comme autrefois, à six ou sept cents mètres de la place.

On conçoit, au surplus, qu'il leur soit beaucoup plus difficile qu'aux hommes à pied de se dérober aux vues de l'ennemi.

Pendant la nuit, au lieu de faire rétrograder les sentinelles avancées, on les rapproche de la place, à moins qu'on ne préfère établir en avant de la ligne de jour, des postes isolés, qui avertissent ainsi plus promptement des mouvements de l'ennemi.

L'intervalle qui sépare les grand'gardes de leurs postes avancés est soumis aux règles exposées au chapitre Ier du livre II, touchant le service des avant-postes en campagne.

La proximité de la première ligne, d'un ennemi concentré, multipliant ses sorties imprévues, quand il peut les opérer avec avantage, ne laisse guère aux sentinelles avancées d'autre parti à prendre, sur les points attaqués, que de se replier vivement sur leurs grand'gardes. Comme celles-ci se tiennent pour la plupart à petite portée de canon des ouvrages, il est indispensable qu'à l'imitation des hommes en première ligne, elles se couvrent contre les feux de l'ennemi et renforcent les positions qu'elles occupent pour offrir un meilleur appui aux petits postes qui, réunis aux grand'gardes, font tous leurs efforts pour disputer le terrain sur place.

Ce n'est jamais qu'à la dernière extrémité qu'on prend le parti de se replier sur les appuis en arrière et en combattant pied à pied.

Les grand'gardes suivent ordinairement le mouvement en avant qu'exécutent leurs postes avancés pour la nuit ; et comme elles ont d'autant plus besoin d'être soutenues qu'elles sont moins éloignées de l'adversaire, les piquets viennent habituellement occuper les positions de jour qu'elles quittent, et qu'il est d'usage de leur faire reprendre avant la fin de la nuit.

Les grand'gardes d'infanterie précèdent le plus souvent celles de cavalerie, qui leur servent d'appuis.

Quant aux détachements principaux, destinés à renforcer les grand'gardes et leurs piquets de soutien, leur affaire est d'accourir au secours des troupes engagées et de se réunir à elles pour arrêter les progrès des sorties de l'ennemi, jusqu'à l'arrivée des secours envoyés par le corps d'investissement.

La composition et la force des détachements principaux dépendent naturellement de la nature du terrain et des considérations résultant des probabilités de la lutte qu'ils auront à soutenir : aussi doit-on tenir compte, non-seulement de ce que l'on peut avoir à redouter des sorties de la place, mais encore de la manière dont le corps d'investissement est établi. Il est évident, par exemple, que s'il est cantonné, les avant-postes auront à résister plus longtemps que si les troupes étaient tout simplement bivouaquées.

Lorsque les détachements sont d'une certaine force, on y fait généralement entrer de l'infanterie et de la cavalerie, à moins que la nature du terrain ne s'y oppose. Il arrive aussi qu'on leur adjoint parfois quelque artillerie, lorsqu'il y a lieu d'organiser une vigoureuse défense en position, et l'on conçoit, au reste, qu'on ne puisse songer à faire mouvoir du canon à l'aventure, en rase campagne, notamment pendant la nuit. Le nombre des détachements principaux dépend naturellement de l'étendue des ouvrages investis, de la nature de leurs approches et de la quantité d'issues qui y conduisent. Il se règle donc d'après la configuration de la ligne d'investissement, qui, elle-même, subit la loi des circonstances locales et des cours d'eau avoisinant la place, dont tous les abords doivent être occupés sans exception.

Les nœuds de routes et leurs embranchements sont ordinairement des points favorables à l'établissement des détachements principaux, mais les dispositions à prendre à ce sujet découlent surtout de la nature du terrain.

Il résulte de ce que nous venons de dire qu'il est impossible de fixer d'une manière invariable la distance à laquelle ces détachements se trouvent de la place. Mais, en général, il ne faut pas qu'elle excède douze à treize cents mètres, pour que les secours arrivent à temps aux postes avancés et que la résistance conserve le caractère vigoureux qu'il est essentiel de lui imprimer tout d'abord.

On s'explique également, d'après ce qui précède, que de grandes places, d'un abord difficile, peuvent être investies par des corps relativement peu nombreux, comparativement aux troupes nécessaires devant des villes fortifiées d'une moindre étendue, mais plus facilement abordables.

Lorsque le corps d'investissement est faible par rapport à la garnison, ou que celle-ci est entreprenante, il est de règle d'user autant que possible des ressources de la fortification de campagne, pour mieux résister au sorties de l'ennemi, opérées en forces. Cela met d'ailleurs mieux à l'abri des surprises nocturnes et permet de tenir plus longtemps sur place, en attendant des renforts.

Mais on ne peut cependant se dissimuler que les retranchements ont l'inconvénient d'indiquer à l'adversaire les points qu'il doit éviter d'aborder et de faciliter ainsi ses dispositions offensives. Ils ne créent, au surplus, de bons appuis à la défense des avant-postes qu'autant qu'ils sont fermés à la gorge, au moins par des palissades, et qu'on multiplie les obstacles aux alentours.

Inutile d'insister sur l'importance qui s'attache à ce qu'on sache tirer le meilleur parti du terrain,

La surveillance des sentinelles a cela de particulier qu'elle est circonscrite à quelques points déterminés, ce qui la rend plus facile qu'en campagne ; mais elle doit être incessante, et il est de règle d'aviser les postes de tout bruit, signal, batterie de tambour ou sonnerie venant de la place. C'est le seul moyen d'éviter qu'il ne s'y passe quelque chose d'important, à leur insu.

La vigilance des officiers et sous-officiers, sans cesse en éveil, ne portera ses fruits qu'autant qu'ils visiteront souvent les sentinelles et les feront causer.

Ils saisiront fréquemment ainsi des indices qui auraient sans cela échappé à la perspicacité des soldats. C'est en subrogeant en quelque sorte leur sagacité à l'intelligence bornée de plusieurs de leurs hommes qu'ils parviendront à être parfaitement fixés sur tout ce qui est perceptible au dedans comme au dehors des ouvrages.

Leurs interrogations doivent porter principalement sur les différents travaux exécutés par l'ennemi, les bruits divers venant de la place ou de l'extérieur du chemin couvert, le silence absolu dans certains ouvrages qu'on peut supposer avoir été abandonnés, les signaux, les feux, la fumée, la vue d'hommes armés ou non, sortis des murs, etc., etc., en un mot, tout ce qui peut leur faire discerner les intentions probables de l'adversaire.

Il va sans dire que de bonnes lunettes leur seront fort utiles pour éclairer leurs doutes ou vérifier le rapport des sentinelles et vedettes.

Le service des patrouilles nocturnes demande à être conduit avec beaucoup de prudence, d'autant qu'il est nécessaire qu'elles s'avancent jusque sur les glacis de la place, pour épier convenablement les mouvements extérieurs de la garnison. Elles se reconnaissent mutuellement par un seul mot échangé à voix basse, un simple signal frappé sur la giberne ou tout autre signe convenu et le plus silencieusement possible.

A moins d'ordres contraires, les sentinelles s'abstiennent de tirailler avec les défenseurs. Lorsqu'elles sont abritées dans des trous , il est de règle de ne les relever qu'au commencement de la nuit et avant le point du jour.

Quant aux grand'gardes, on procède à leur égard de la même manière que dans le service des avant-postes en campagne.

Les détachements principaux, qui bivouaquent

toujours réunis, conservent la moitié des chevaux sellés et bridés. Ils envoient fréquemment des patrouilles aux postes avancés, en évitant toutefois de fatiguer inutilement les troupes.

Le général de Decker, qui a traité avec les lumières de l'expérience la question qui nous occupe, donne, sous le titre de dispositions d'ordre, des règles à suivre pour la conduite des diverses parties du corps d'investissement.

Nous ne saurions mieux faire que de les rapporter ici en substance, de même que nous nous sommes inspiré en grande partie des principes qu'il a professés sur la matière qui fait le sujet du commencement de ce chapitre.

Les grand'gardes ne doivent se replier que devant un ennemi supérieur, et en combattant.

Leurs mouvements rétrogrades ne s'exécutent point directement sur leurs soutiens, qui ont d'ailleurs besoin d'être démasqués pour agir efficacement.

Celles qui sont le plus voisines de la grand'garde attaquée, surtout quand elles sont composées de cavalerie, se jettent sur les flancs de l'ennemi et sont remplacées en position, par leurs postes d'appui.

Lorsque les sorties traînent néanmoins en longueur, les postes d'appui des troupes engagées se portent en avant, pour les secourir et contraindre l'ennemi à la retraite.

Les sentinelles et vedettes des parties de la ligne non attaquée ne quittent point leur poste.

Dans les combats de nuit, toute troupe d'infanterie manœuvrant sur les flancs des sorties, s'abstient de tirer et n'aborde l'ennemi qu'à la baïonnette. Pendant le jour, il vaut mieux combattre en tirailleurs, dans ces mêmes circonstances, afin d'être moins en prise aux feux de la place.

Il importe beaucoup que chefs et soldats connaissent bien le terrain sur lequel ils peuvent être appelés à lutter et qu'ils soient instruits d'avance de ce qu'ils auront à faire

Les détachements principaux envoient leur cavalerie au-devant de l'ennemi, pour prendre en flancs les sorties effectuées pendant le jour. Ils détachent également la moitié de leur infanterie au secours des troupes attaquées et conservent le reste en position, si surtout on occupe des retranchements. Lorsqu'il a été ordonné de défendre ceux-ci à outrance, il faut, avant tout, en assurer la possession et ne porter en avant que le nombre d'hommes nécessaire pour appuyer ou rallier les postes avancés.

Au surplus, les détachements principaux opèrent d'après les principes indiqués précédemment au sujet des grand'gardes, avec cette différence pourtant que ceux qui n'ont pas d'ennemis devant eux n'envoient jamais au secours des postes attaqués qu'une partie de leurs contingents, pour arrêter les progrès de l'ennemi, jusqu'à ce que le corps d'investissement ait fait arriver des renforts.

Comme il s'agit, en tout cas, d'une défense extrême, les grands détachements n'abandonnent jamais en entier leur position, et il est d'un haut intérêt d'en arrêter le dispositif à l'avance, car si l'ennemi parvenait à repousser un des détachements principaux, la ligne d'investissement serait à peu près rompue, puisque chacun d'eux ne peut avoir derrière lui un corps de troupes considérable.

Enfin, lorsque l'ennemi est forcé de rentrer dans la place, sa situation est évidemment d'autant plus critique qu'il s'en est éloigné davantage et que l'on se montre habile à l'envelopper promptement. Il convient donc d'y employer toute la résolution et l'activité possibles. On n'aura plus, en effet, qu'à l'accompagner de loin et à le regarder se retirer, dès qu'il sera arrivé sous la protection de l'artillerie des remparts et du chemin couvert.

Nous avons supposé, dans tout ce qui a été dit précédemment, que l'investissement était complet. Lorsqu'il n'est que partiel, le service des avant-postes est tout simplement une affaire d'observation. Le corps d'investissement occupant encore une position concentrée ne peut leur fournir de prompts secours, et il leur est par conséquent impossible de lutter contre des attaques sérieuses, pour conserver le terrain qu'ils occupent.

Les avant-postes sont alors tenus plus éloignés de la place que lorsqu'elle est tout à fait investie, bien qu'on les en rapproche habituellement pendant la nuit.

On se borne, en général, à occuper les principales avenues et à déployer une vigilance active et constante, au moyen d'un système de patrouilles bien compris.

Il est de principe de n'ouvrir la tranchée qu'au delà de la bonne portée de mitraille, à moins qu'à l'aide d'une fausse attaque on ne parvienne à exécuter la vraie plus rapprochée des ouvrages, comme nous le fîmes au siége de Tortose, en 1810, à 160 mètres seulement du chemin couvert.

Lorsque le terrain des approches est uni et découvert, il est d'usage de construire trois parallèles.

La première, calculée sur la portée de la mitraille peu efficace, est communément située à six cents mètres des saillants du chemin couvert ; la deuxième, à mi-distance à peu près de la première et des saillants, et la troisième à soixante mètres au plus de ces saillants, ou plus près, selon la manière dont l'assiégé se défend.

Ces parallèles, dont les terres rejetées du côté de la place servent de parapets contre ses feux ont aussi pour objet d'offrir un appui aux cheminements et de favoriser l'établissement des batteries destinées à ricocher les ouvrages du front d'attaque. Il faut qu'elles soient pour cela poussées jusqu'au prolongement des faces extrêmes de ces ouvrages, afin qu'il soit possible de les enfiler.

La première parallèle est particulièrement destinée à protéger les travaux d'approche, contre les sorties de la place ; à loger les troupes de la garde de tranchée ainsi que des matériaux de siége, de manière à ce que les boyaux de communication qui vont d'une parallèle à l'autre restent toujours parfaitement dégagés. Elle protége aussi, en certains cas, les emplacements des premières batteries dirigées contre la place.

La largeur à donner aux parallèles n'est pas absolue ; elle dépend des moyens d'action de l'assiégé et de l'énergie présumée de sa défense, considérations qui influent nécessairement sur le plus ou moins de troupes à maintenir dans les tranchées.

On peut toutefois admettre qu'en beaucoup de cas il suffira de donner 2m60 de largeur au fond de la première parallèle; 2m80 à celui de la seconde et 3m30 au fond de la troisième. Cependant il arrive qu'on porte à 3 mètres la largeur des première et deuxième parallèles, et à 4 mètres celle de la troisième, dimensions données par l'aide-mémoire.

Les parallèles sont construites de telle sorte qu'elles aient deux gradins revêtus en fascines; le plus élevé sert de banquette aux gardes de tranchée. Leur revers est également taillé en gradins, revêtus de distance en distance, pour en faciliter le passage aux défenseurs qui, après avoir garni les banquettes et fusillé l'ennemi, se forment sur le revers de la tranchée pour le recevoir, et s'abstiennent ensuite de le poursuivre après l'avoir repoussé.

Pendant ce temps, les tirailleurs auront pris leurs armes, soit pour rester de pied ferme, soit pour se retirer, en emportant leurs outils, et d'autres troupes de service auront été rapidement portées sur les points principaux à défendre, tels que têtes de sapes, batteries, communications, flancs des attaques et tous autres lieux d'une bonne défense, désignés d'avance par le général de tranchée. Il va sans dire qu'on ne néglige pas, à l'occasion, de manœuvrer pour prendre les sorties en flanc, ou les couper de la place.

Les parallèles sont généralement enfoncées d'un mètre, et leur relief au-dessus du terrain naturel est de 1m30. S'il est impossible d'excaver jusqu'à un mètre de profondeur, on élargit la tranchée et l'on donne plus de hauteur au parapet; mais on conçoit qu'alors les travaux soient plus longs et la tranchée moins bonne.

Quant aux boyaux de communication en zigzags, ils n'ont ordinairement que 2m30 de largeur au fond, bien qu'en certains cas il puisse être utile de les porter à 2m60, pour faciliter les mouvements de flancs des gardes de tranchées contre les sorties, sans nuire au passage incessant des troupes, des travailleurs et des matériaux.

Ces ouvrages sont construits comme les parallèles, mais sans gradins.

Les communications en arrière de la première parallèle doivent s'étendre jusqu'au dépôt de tranchée, placé autant que possible à l'abri d'accidents naturels de terrain ou de tout autre obstacle artificiel, maisons, murailles, etc., etc., et au moins à 12 ou 1,500 mètres de la place.

Ce sont habituellement des officiers du génie qui exécutent le tracé des tranchées. Ils en jalonnent la position avec des piquets de direction, près desquels ils font asseoir ou coucher des sapeurs qui se relèvent quand les travailleurs arrivent sur le terrain, afin de mieux leur indiquer la position. On a, du reste, la précaution de roidir un cordeau dans le même but, et ces sapeurs sont chargés de diriger les travaux jusqu'à ce qu'ils soient bien entamés.

Les travailleurs d'infanterie se rendent au dépôt de tranchée une heure ou deux avant la nuit, munis de leur fusil et de leur cartouchière, ainsi que de leur capote, pour s'en couvrir pendant les repos ou en cas de blessure.

Chaque détachement doit emporter aussi quelques

bidons d'eau, des rations d'acidulage et faire reconnaître par deux ou trois hommes, avant la nuit, les lieux où l'on devra remplacer le liquide consommé.

Le major de tranchée fait délivrer à chaque homme les outils et les matériaux qu'on juge à propos de leur donner, et, au moment voulu, les travailleurs sont mis en mouvements par le flanc, sur un seul rang et encadrés par leurs officiers et sous-officiers.

Ils sont précédés par des détachements armés, destinés à les protéger, et le règlement prescrit de les faire connaître aux travailleurs, pour éviter toute méprise à cet égard.

Ce sont habituellement les compagnies d'élite qui fournissent ce service d'avant-postes, et elles se rendent sur les points désignés par les officiers du génie en avant de la parallèle, où elles établissent un réseau de petits postes et de sentinelles avancées.

Les compagnies du centre de la garde de tranchée sont réparties en arrière des travailleurs, et on tient en bataille une forte réserve, près des dépôts de tranchée.

Des sapeurs du génie, armés, sont placés en avant des ailes de la parallèle pour couvrir les points sur lesquels doivent se construire les redoutes destinées à la flanquer.

En général, il est de règle de commencer les travaux sur les points les plus voisins de la place. S'il a été commis des erreurs d'évaluation du travail, elles portent ainsi sur les parties le plus rapprochées des réserves, ce qui permet de les réparer plus facilement.

La méthode à suivre pour l'ouverture de la parallèle consiste à y conduire les travailleurs formés en deux détachements sur un seul rang chacun et guidés par des officiers du génie, sur un point central du tracé désigné à l'avance. Le détachement de droite marche la gauche en tête et celui de gauche la droite en tête, de manière qu'arrivés au point de partage, le détachement de droite se déploie en faisant par file à droite, sur la gauche par file en bataille, et le détachement de gauche, le mouvement inverse.

Quand les travailleurs ont été pourvus de fascines, ceux de droite les portent sous le bras gauche, et les hommes de gauche sous le bras droit.

Les fascines sont déposées en avant du cordeau, de manière à laisser entre elles et lui la largeur de la berme, qu'il est de la sorte plus facile de conserver intacte partout. Qu'on emploie ou non des fascines pour le tracé, il faut toujours faire usage du cordeau et le marquer avec de l'étoffe blanche, s'il est possible, afin que chaque homme voie devant lui la tâche personnelle qu'il doit exécuter.

Les travailleurs se couchent pendant l'achèvement du tracé et sa vérification. Lorsque les officiers du génie ont terminé celle-ci, ils reviennent au point de départ et commandent : *Haut les bras*, en retournant vers les ailes de la parallèle, pour mettre partout le travail en train.

Les parallèles d'une grande étendue nécessitent naturellement qu'on y multiplie les centres d'action. Mais la manière de procéder reste la même, et il n'y a qu'à veiller à ce que les travaux des diverses parties du tracé se raccordent bien entre eux. C'est affaire spéciale aux officiers du génie, qui doivent s'arranger pour que les erreurs commises soient corrigées avant la naissance du jour. Leurs sous-officiers fournissent à ceux des travailleurs des mesures exactes des dimensions des ouvrages à exécuter et s'appliquent à faire conserver les bermes intactes. Ils enseignent aux hommes les meilleures méthodes de travail et à poser simplement les terres au delà de la berme, en leur faisant comprendre que s'ils les jetaient au loin, elles se disperseraient, ce qui les priverait du précieux avantage de se construire rapidement une masse couvrante.

Les travailleurs conservent toujours près d'eux leur fusil et leur giberne. Cela leur inspire de la confiance et permet d'en constituer une réserve sur place, en cas d'attaque. D'ailleurs, il peut fort bien arriver qu'au jour les troupes de soutien, n'ayant point d'abri dans la tranchée, soient obligées de se porter en arrière pour se dérober aux feux de la place. Si l'ennemi tentait alors quelque sortie sur la parallèle, il faudrait nécessairement que les travailleurs la lui abandonnassent, dans le cas où ils ne seraient point armés, tandis que l'étant, ils peuvent au moins essayer de se maintenir jusqu'à ce que des secours viennent les aider à repousser l'adversaire. Ce n'est, en effet, que lorsque le terrain des attaques est facile à excaver, que les tranchées commencées le soir peuvent avoir acquis pendant la nuit une largeur suffisante pour contenir plusieurs rangs d'hommes à l'abri. Quand on opère sur un terrain difficile, c'est à peine si le travail d'une nuit donne l'espace nécessaire pour recevoir un rang de fusiliers. Cela rend le service de tranchée difficultueux et motive des précautions particulières pour relever la garde et les travailleurs, sans quoi ces opérations coûteraient certainement des pertes sensibles.

On peut à cet égard suivre la méthode suivante : tenir prêts au dépôt de tranchée autant de sous-officiers ou caporaux du génie qu'il y a de détachements de travailleurs à conduire.

Le chef du génie fait évacuer les attaques aux travailleurs de nuit, à l'heure fixée, en commençant par les détachements les plus voisins de la queue de la tranchée et les faisant défiler successivement sur un seul rang. Les relèves y entrent ensuite, les armes descendues et précédées par un sous-officier ou caporal du génie. L'officier du génie chargé des travaux de jour se tient à l'entrée de la tranchée pour guider les détachements dans leur ordre naturel, après avoir reconnu lui-même préalablement les lieux. C'est le moyen le plus simple d'éviter toute confusion parmi les travailleurs.

Pendant tous ces mouvements, les gardes de tranchée se tiennent sur un seul rang et se serrent le plus possible du côté de la berme. Les travailleurs circulent derrière eux, sur le revers. Au surplus, les tranchées sont généralement portées à leur largeur totale vers le soir du premier jour, ce qui fait disparaître les difficultés de la relève.

Les gardes descendantes cèdent toujours le côté de l'épaulement aux gardes montantes, soit de pied ferme, lorsqu'elles se font relever, soit en marchant ou en se croisant avec elles dans la tranchée. Dans les embranchements et autres accidents locaux où cet ordre ne pourrait être observé en marchant, la garde descendante s'arrête, ouvre ses files pour laisser passer la garde montante, et attend que celle-ci ait défilé pour reprendre sa marche.

Les travailleurs cèdent toujours aux gardes le côté de l'épaulement et s'arrêtent pour les laisser passer, quand cela est nécessaire.

Il n'est rendu aucun honneur militaire dans les tranchées.

Les gardes de tranchée ne séjournent que dans les parallèles, afin de ne point en embarrasser les boyaux de communication, qui doivent rester libres pour la circulation des travailleurs et des matériaux.

Les travaux en avant de la première parallèle se tracent au cordeau et s'exécutent à découvert jusqu'à la deuxième parallèle. Remarquons, à ce propos, que si la largeur habituelle des boyaux de communication n'est qu'en raison de leur destination propre, ils peuvent cependant emprunter aux circonstances locales une utilité défensive. Il en est ainsi lorsque, par exemple, les cheminements se font en terrain accidenté, accessible par des couverts latéraux. On est alors quelquefois obligé d'ajouter aux redoutes qui assurent les flancs de l'attaque, aux extrémités des parallèles, des lignes latérales, pour achever de maîtriser le terrain et prévenir les surprises de flancs. Dans ces circonstances, rien n'empêche qu'on fasse servir à cet usage quelques portions des cheminements latéraux, lorsqu'on peut en tirer un parti convenable. Mais il faut nécessairement alors les élargir pour que la circulation ne soit pas gênée et que la garde puisse faire son devoir sur des banquettes, derrière des parapets.

Il est fort rare que l'on entreprenne les travaux de la seconde parallèle la nuit qui suit celle de l'ouverture de la tranchée. Il faudrait pour cela disposer d'un grand nombre de travailleurs, et qu'à la fin du jour la première parallèle fût à peu près terminée ; qu'en outre, le terrain des attaques permît de donner à la tranchée, pendant la nuit, une largeur capable de recevoir, au jour suivant, les gardes nécessaires à sa sûreté.

Or, ces conditions sont trop difficiles à remplir pour qu'elles puissent l'être autrement que tout à fait exceptionnellement, d'autant plus qu'il est de principe de ne pousser les travaux que quand ils peuvent être soutenus d'assez près, notamment lorsque leur imperfection les exposerait particulièrement aux attaques de l'ennemi.

La deuxième parallèle se construit ordinairement à trois cents vingt-cinq mètres des saillants ; elle est débordée et flanquée par la première, où ne se tient que la réserve de la garde. Cette dernière doit pouvoir manœuvrer dans la seconde, à l'aide de gradins et de banquettes, et s'y loger assez en force pour repousser les sorties de la place.

On appelle sape volante une tranchée sur le tracé de laquelle est disposée une file de gabions jointifs que les travailleurs remplissent tous à la fois. C'est la manière la plus expéditive d'élever une masse couvrante contre les balles et la mitraille de l'ennemi, parce qu'elle ne dissémine pas sur le sol les premières terres enlevées de la tranchée.

Lorsqu'on peut espérer de dérober aux défenseurs le commencement de l'opération, la méthode la plus sûre d'exécuter cette sape est de faire porter à chaque homme le gabion qu'il doit remplir.

Mais quand l'assiégé fait, chaque nuit, un feu réglé de mitraille et de mousqueterie, il vaut mieux ne mettre qu'un travailleur par deux gabions, surtout si le terrain est difficile à creuser. Cela diminue de beaucoup les dangers de l'opération.

Les sapes volantes sont habituellement couronnées de trois fascines, pour les exhausser et les consolider.

Lors de la pose des gabions, il convient de les gauchir d'un côté, en frappant le bord contre le sol, afin de les établir dans une position inclinée vers le dehors de la sape. Ils résistent mieux ainsi à la poussée du parapet, qui tend toujours à les ramener en dedans, et cette précaution est parfois insuffisante pour obtenir l'effet désiré, particulièrement lorsque les déblais de la sape sont en gravier pesant, dont la poussée est considérable. Alors, il n'y a d'autre manière de procéder que de soulever un à un les gabions, du dedans au dehors de la sape, quand ils sont à moitié pleins. Cela fait écouler les terres du côté de la berme et leur constitue une base inclinée vers l'extérieur, ce qui s'oppose aux effets de la poussée des déblais. Cette précaution, qu'on ne saurait trop rappeler aux travailleurs, est, on le conçoit, d'autant plus nécessaire à observer, que le terrain de la tranchée va en montant vers la place.

Il arrive fréquemment qu'on n'établit les premières batteries des attaques qu'en avant de la deuxième parallèle. Ce qui a été fait à Sébastopol, contrairement aux règles le plus généralement admises jusqu'alors, tient à des considérations que nous ne nous proposons d'indiquer qu'à la fin du prochain chapitre, afin d'éviter toute confusion entre des pratiques de circonstance et les principes suivis dans les siéges réguliers.

Quoi qu'il en soit, l'armement des batteries est l'un des moments où il est le plus urgent de se tenir en garde contre les grandes sorties de l'assiégé qui, ayant un but considérable à poursuivre, peut vouloir tenter les chances d'une opération dont la réussite entraînerait nécessairement un arrêt notable dans les travaux d'attaque, puisque s'il parvient à ruiner le matériel de l'artillerie, il faudra peut-être reconstituer le parc de siége, ce qui n'est jamais une petite affaire.

En général, plus les têtes de tranchée se rapprochent de la place, plus elles ont besoin d'être soutenues, car l'ennemi multiplie alors ses sorties, et il faut à tout prix l'empêcher de bouleverser les travaux. On établit, à cet effet, à peu près à mi-distance de l'intervalle qui sépare les deuxième et troisième parallèles, des demi-places d'armes pour recevoir des détachements de la garde de tranchée, destinés à fusiller les sorties aussitôt qu'elles apparaissent, et même à courir sur elles avant qu'il leur ait été possible de forcer les têtes de sape. Ces ouvrages s'étendent à cent ou deux cents mètres de chaque côté des capitales, pour mieux soutenir les cheminements, et sont construits comme la deuxième parallèle, ayant d'ailleurs, sur le parapet, des sacs à terre formant créneaux.

On y construit quelques batteries d'obusiers qui tirent principalement contre les chemins couverts du front d'attaque, mais il n'est cependant pas de règle de garnir systématiquement d'artillerie toutes les places d'armes des attaques.

Lorsque les batteries établies en avant de la première parallèle sont suffisamment rapprochées des ouvrages qu'elles doivent battre, qu'elles les plongent et en voient de front les diverses faces, sans être masquées par les tranchées plus avancées, on les fait agir pendant toute la durée du siége, et, à l'exception des batteries de pierriers, que l'on place ordinairement en avant de la troisième parallèle, on n'en construit plus de nouvelles que pour couronner le chemin couvert, ouvrir des brèches et contre-battre l'artillerie qui pourrait les prendre en flanc.

A cette période du siége, les assiégeants sont exposés aux feux de mousqueterie de la place et du chemin couvert, très-meurtriers par leur direction rasante et leur proximité; nul doute qu'ils ne retardent sensiblement les cheminements de l'attaquant, si la défense tire activement et avec continuité. Remarquons aussi que l'assiégé multiplie habituellement les petites sorties nocturnes contre les deuxième et troisième parallèles, afin de contrarier les travaux d'approche. Il lui serait, au reste, fort difficile de tourner ces ouvrages en y lançant des troupes partant des flancs collatéraux de l'attaque, pour forcer les extrémités des parallèles, pendant qu'il contiendrait de front une partie de la garde de tranchée. En terrain ordinaire, en effet, la première parallèle déborde la seconde par ses ailes, de même que celle-ci déborde la troisième, de telle sorte que si l'on essaie de tourner cette dernière, on est pris en flanc, à très-petite portée, par les ailes de la seconde, et ainsi de même pour les mouvements tournants exécutés contre cette deuxième parallèle. Il faut considérer, en outre, qu'à moins que l'ennemi ne parvînt à bouleverser tous les travaux de siége, il devrait nécessairement rentrer dans la place sous le feu des ouvrages qu'il n'aurait pu renverser.

On chemine le plus longtemps possible à la sape volante et, d'ordinaire, ce n'est qu'en avant des demi-places d'armes que les feux de l'assiégé deviennent assez meurtriers pour qu'on doive s'avancer à la sape pleine, tout en se tenant prêt à exécuter des portions de sape volante quand le ralentissement des feux de la place le permet; mais quelle que soit la manière de cheminer, il est de règle de dérober aux vues de l'ennemi la tête des derniers zigzags entamés pendant la nuit. On amorce pour cela le zigzag suivant, sur une longueur de six à huit mètres environ, et, lorsque vient le jour, on place des fusiliers dans ces amorces, afin de surveiller les sorties et de repousser les petites attaques contre les têtes de sapes, sans gêner les travailleurs en arrière. Quand l'ennemi se présente en forces, il n'y a pas lieu d'ailleurs de s'opiniâtrer à résister sur place, et le seul parti à prendre est d'abandonner les tranchées qui ne sont pas terminées, pour se retirer dans celles tout à fait achevées, d'où l'on combattra l'adversaire avec avantage.

Bien qu'il soit assez ordinaire de commencer à cheminer à la sape pleine, à partir des demi-parallèles, il est cependant possible parfois d'avancer encore au delà, au moyen de la sape volante, lorsque les feux de la place sont peu soutenus ou interrompus par moments. Dans ces circonstances, au surplus, on ne surprend guère à l'assiégé que de petites portions de sape volante, dont on fait porter les gabions par des détachements qui les déposent furtivement à terre et rentrent immédiatement dans la tranchée. Des sapeurs du génie dressent la gabionnade, et ce n'est que lorsqu'elle est entièrement disposée qu'on fait revenir les travailleurs.

Il arrive fréquemment que l'on doive laisser écouler un certain intervalle entre l'achèvement du tracé et le commencement du travail, pour que les feux de la place aient le temps de s'épuiser contre des gabions vides et qu'on puisse ensuite les remplir sans courir autant de dangers.

La sape pleine est une manière d'avancer à couvert et pied à pied vers la place, lorsque ses feux ne permettent plus de tracer les approches à découvert.

C'est une tranchée creusée par quatre sapeurs travaillant à la file, couverts par devant d'un gros gabion garni de fascines et sur le côté par une gabionnade ordinaire, que remplit successivement celui des quatre sapeurs qui tient la tête du travail. Ce premier sapeur, armé de la cuirasse et du pot en tête, creuse, en se tenant à genoux, un petit fossé de 0m50 de largeur sur autant de profondeur et dont les terres servent à remplir un gabion de sape, placé de côté, sur l'alignement de la tranchée.

Lorsqu'il a rempli ce gabion, les quatre sapeurs poussent un peu en avant le gabion farci qui couvre la tête du travail, en s'aidant pour cela de crochets emmanchés.

Le premier sapeur place ensuite adroitement sur

la ligne de la tranchée un nouveau gabion de sape, qu'il remplit de la même manière, en se couvrant du précédent. S'il opère avec intelligence, les balles de l'assiégé ne l'atteindront pas, puisqu'en continuant de procéder comme nous venons de le dire, il ne place et ne remplit de nouveaux gabions qu'étant abrité par ceux qu'il a complétement garnis antérieurement.

Le deuxième sapeur, également à genoux, portant la même armure défensive que le précédent, élargit et approfondit le travail de celui-ci, d'environ 16 à 17 centimètres.

Le troisième sapeur élargit et approfondit semblablement le travail du second et se tient courbé derrière la sape.

Enfin, le quatrième sapeur achève de porter la sape à ses dimensions complètes, qui sont d'un mètre de largeur sur un mètre de profondeur.

La tranchée est alors remise aux travailleurs d'infanterie, qui la terminent, selon le cas, en lui donnant les proportions d'une parallèle ou d'un boyau de communication.

Ce mode de cheminement, quoique long en apparence, conduit néanmoins au but assez promptement, parce qu'on marche sans interruption nuit et jour. Dans un terrain très-facile, chaque tête de sape avancerait de 6 gabions par heure, c'est-à-dire d'à peu près 100 mètres en 24 heures; mais il est rare qu'il puisse en être ainsi.

L'artillerie de la place, d'ailleurs, n'est pas toujours réduite au silence par celle des attaques, et il lui arrivera alors fréquemment de briser ou de renverser les gabions, à mesure qu'on les posera, ce qui entraînera la suspension des cheminements pendant le jour.

La troisième parallèle est plus exposée que les places d'armes aux attaques de l'assiégé ; aussi la construit-on avec beaucoup de soin et de manière à pouvoir recevoir des gardes de tranchée assez fortes pour repousser les sorties. C'est pourquoi sa largeur au fond est de 4 mètres.

La réserve des gardes se tient dans la deuxième parallèle, et la première ne sert plus alors que de dépôt.

Les objets principaux de la troisième parallèle sont de contenir les sorties par un feu de mousqueterie exécuté à petite distance et de protéger de nouveaux emplacements pour la construction de batteries destinées à battre certains points de la fortification qui n'ont pu l'être de plus loin ; elle sert aussi puissamment à protéger les attaques du chemin couvert.

L'illustre Vauban voulait qu'on la portât à 30 ou 40 mètres au plus des saillants du chemin couvert; mais la plupart des auteurs modernes conseillent de l'en éloigner à 60 mètres environ.

On peut dire à ce sujet que quand on s'attendra à une vigoureuse défense du chemin couvert, il sera préférable que la troisième parallèle en soit rapprochée, puisque c'est de derrière elle que partiront les attaques. Lorsque, au contraire, les feux de la tranchée délogeront les défenseurs du chemin couvert et qu'on pourra s'en emparer pied à pied, la proximité de la parallèle du chemin couvert l'éloignerait d'autant des demi-places d'armes, ce qui augmenterait nécessairement les dangers de sa construction, et c'est l'inconvénient qu'il importe précisément d'éviter. Ensuite, le trop grand rapprochement de la troisième parallèle du chemin couvert aurait pour résultat de masquer l'artillerie placée en arrière et de s'opposer aux feux courbes de l'attaquant sur le chemin couvert, puisqu'il faudrait qu'il les dirigeât par-dessus les assiégeants et qu'il est toujours mauvais de tirer au-dessus de la tête de ses propres troupes. Enfin, des militaires expérimentés ont pensé qu'il est possible de prolonger un peu à droite et à gauche les sapes des cavaliers de tranchée, de manière à leur faire fournir une protection assez rapprochée du couronnement du chemin couvert, sans qu'on soit obligé d'avoir recours pour cela à la construction d'une parallèle continue à petite distance.

Au surplus, ce sont les localités et le plus ou moins d'énergie de la défense qui doivent déterminer l'assiégeant dans cette question, sans omettre toutefois l'application du principe invariable de protéger les travaux les plus avancés par des tranchées en arrière, d'où part un feu meurtrier.

Les sapes doubles sont la réunion de deux sapes ordinaires, couvertes par un double gabion farci et dont les deux têtes marchent de concert pendant que leurs gabionnades latérales servent à couvrir les sapeurs et les travailleurs qui exécutent cette tranchée.

Ces sapes prennent la dénomination de sapes debout lorsqu'elles marchent droit sur la fortification; elles sont naturellement vues et plongées de face par les ouvrages sur lesquels on les dirige; il est donc nécessaire d'établir des traverses dans leur intérieur, de distance en distance, pour intercepter les projectiles de l'ennemi.

On pratique des portions de sapes angulaires ou circulaires pour protéger plus immédiatement les sapes debout, dont on ne se sert que pour cheminer sur les saillants. Ces portions de sapes diminuent d'autant la longueur des sapes debout, qui sont d'ailleurs d'un cheminement plus faible que les boyaux établis en zigzags. Les règles suivies pour la construction des portions circulaires sont de ne les faire avancer que de 15 à 20 mètres sur la capitale de chaque demi-lune, en partant de 25 ou 30 mètres à droite et à gauche. Elles sont disposées à l'intérieur comme la troisième parallèle, mais on ne leur donne que 2m30 de largeur au fond. Il est, au reste, impossible de les employer contre les bastions lorsqu'ils sont un peu rentrants, à moins que le chemin couvert des demi-lunes ne soit déjà couronné.

Sans aucun doute, mieux vaudrait ne point faire usage de ces sapes debout et arriver sur les saillants par des cheminements en zigzags.

Mais cela nécessiterait devant certaines fortifications une telle obliquité des zigzags qu'il deviendrait très-difficile de les ajuster les uns aux autres, ce qui, joint à leur multiplicité, prolongerait les travaux de siége outre mesure.

En général, les zigzags ne sont plus praticables lorsqu'ils forment entre eux des angles au-dessus de 24 à 25 degrés.

Les cavaliers de tranchée sont des masses couvrantes établies à environ 30 mètres des saillants du chemin couvert, hors de la portée du jet des grenades à la main et destinées à chasser les défenseurs du chemin couvert, lorsque la pente modérée des glacis permet l'emploi de ces ouvrages.

Ils sont construits avec des gabions étagés, et l'on y ménage des gradins pour élever des fusiliers jusqu'au-dessus de la crête du chemin couvert, dont ils protégent le couronnement pied à pied. Il faut qu'ils exercent au moins un commandement de $1^{m}30$ sur la la crête de la place d'armes, et ils ne demandent pas moins de 12 à 24 heures pour leur établissement qui, lorsqu'il présente trop de difficultés d'exécution, est suppléé par des espèces de demi-places d'armes, où l'on met quelques pierriers en batterie.

Des cavaliers de tranchée permettent seuls d'empêcher l'ennemi de se maintenir en forces dans le chemin couvert, d'où il empêcherait l'assiégeant de construire la tranchée qui doit border ce chemin et qu'on appelle son couronnement.

La destination de cette tranchée est de recevoir les batteries de brèche, les contre-batteries, l'entrée des descentes du fossé, les troupes de soutien pour les travaux ultérieurs et celles destinées plus tard à donner l'assaut.

On est quelquefois obligé de brusquer à la sape volante la construction du couronnement, pendant l'attaque de l'assiégé, corps à corps, dans le chemin couvert.

Cette opération, ordinairement très-sanglante, prend le nom de couronnement de vive force.

Il est cependant impossible de l'éviter quand la roideur de la pente des glacis s'oppose à l'établissement de cavaliers de tranchée; que les feux des autres parties de la tranchée n'ont pu déloger les défenseurs du chemin couvert, ou que pour des motifs particuliers il est urgent de s'emparer de celui-ci sans retard.

C'est habituellement sur les saillants du couronnement du chemin couvert que sont construites les deux batteries de brèche et les deux contre-batteries, mais lorsque la contre-escarpe masque le feu de ces batteries, on la fait sauter par la mine pour établir les batteries dans le chemin couvert, et quand la descente du chemin couvert est terminée, ainsi que le couronnement de la contre-escarpe, on construit les batteries précitées dans ce dernier couronnement.

Nous ne saurions entrer dans des détails circonstanciés touchant le service de l'artillerie dans les siéges, sans dépasser les limites qu'assigne à notre travail le but restreint auquel il tend.

Bornons-nous donc à dire brièvement que, d'ordinaire, l'emplacement des premières batteries est à 20 ou 25 mètres en avant de la deuxième parallèle, mais que la nature du terrain ou la nécessité de les protéger contre les sorties obligent quelquefois à les construire dans la parallèle même ou en arrière. Lorsqu'on les place dans la parallèle, on pratique en arrière une sorte de demi-parallèle, laissant entre elle et les batteries assez d'espace pour qu'il soit possible d'y établir les petits magasins à poudre. Quand elles sont construites en avant ou en arrière de la parallèle, on les y relie par des boyaux de communication. Il est rare qu'on n'ait pas à raser le parapet de la parallèle pour démasquer le champ de tir des batteries construites en arrière.

Toutes les fois que le terrain permet d'enfoncer le terre-plein des batteries d'obusiers, il est de règle de mettre à profit cet avantage. Souvent on les place dans les demi-parallèles ou dans la troisième parallèle, et il n'est besoin alors que de leur ouvrir des embrasures dans les parapets de ces ouvrages.

Les feux verticaux des mortiers permettent de leur choisir des positions à peu près arbitraires, mais on conçoit que leurs batteries soient naturellement moins exposées sur les capitales. Il arrive aussi quelquefois que l'on établit des mortiers entre les pièces qui ricochent une face, comme aussi entre celles qui ricochent son chemin couvert, dans le prolongement du fossé.

Quant aux pierriers, c'est ordinairement dans les tranchées qu'on les dispose, à 100 ou 120 mètres au plus des points qu'ils doivent battre.

Les bombes ricochant sous des angles de 15° et au-dessous, c'est habituellement en creusant la terre sous cette inclinaison, qu'on obtient des plates-formes solides pour les mortiers.

Dans le système de fortifications de Cormontaingne, il arrive parfois que le rentrant prononcé, formé par la saillie des deux demi-lunes du front d'attaque, oblige à construire une quatrième parallèle, pour protéger de plus près les travaux contre le bastion central et relier entre eux les couronnements des chemins couverts des demi-lunes.

Cette quatrième parallèle est établie de la même manière que la précédente, avec cette différence pourtant, qu'on ne lui donne que $2^{m}30$ de largeur au fond.

Aussitôt que les demi-lunes sont enlevées, on infléchit la quatrième parallèle vers le chemin couvert du bastion, pour s'en approcher davantage. Ce travail, au surplus, sera peu inquiété par les sorties, attendu que le chemin couvert du bastion, d'où pourrait partir l'ennemi, sera vu des logements occupés par l'assiégeant, dans les demi-lunes.

La quatrième parallèle doit communiquer avec le centre de la troisième, et il convient en outre d'établir d'autres cheminements vis-à-vis les rentrants du chemin couvert, car, à cette proximité de la place, il est urgent de multiplier les communications rapprochées, afin que si l'une d'elles vient à être interceptée par la chute des bombes, on puisse continuer le service, à l'aide des autres.

Les opinions sont partagées sur l'heure la plus favorable pour donner l'assaut aux ouvrages extérieurs d'une place.

L'entrée de la nuit a paru à des écrivains militaires devoir mériter la préférence, parce que, de la sorte, les colonnes d'attaque sont moins exposées aux effets destructeurs des feux de la place.

Ce n'est pas d'après ce principe que Malakoff a été enlevé, puisque c'est à midi qu'a commencé le mouvement des troupes d'assaut. Des considérations multiples pèsent souvent, au surplus, sur les résolutions du chef à cet égard, et nous ne croyons pas qu'il soit possible de rien fixer d'absolu à ce sujet.

Quoi qu'il en soit, le dispositif d'attaque des demi-lunes par la brèche trouve ici sa place.

Environ une demi-heure avant l'assaut, l'artillerie des attaques tire vivement sur les brèches, pour en écarter les défenseurs, adoucir le talus et mieux l'écrêter. Toutes les batteries font feu, à l'exception de celles qui pourraient incommoder les tranchées, dont les parapets sont garnis de fusiliers qui tirent sans interruption sur les parties du front d'attaque démasquées.

Si l'on suppose que la garde de tranchée soit composée d'un bataillon ; que l'assaut doive être donné simultanément aux deux demi-lunes du front d'attaque, au moment de relever la garde, on peut comprendre l'adoption des dispositions suivantes :

Les quatre compagnies d'élite des gardes montante et descendante, soutenues des compagnies du centre de ces gardes, seront destinées à enlever les ouvrages.

Les grenadiers opéreront sur la droite et les voltigeurs sur la gauche.

Pendant le feu général de l'assiégeant, la compagnie de grenadiers de la garde descendante se formera en colonne serrée dans la branche droite du chemin couvert de la demi-lune de droite, en appuyant sa gauche au saillant.

Les grenadiers de la garde montante se placeront d'une manière semblable dans la branche gauche de ce couronnement.

Les voltigeurs prendront une disposition analogue devant la demi-lune de gauche.

Derrière ces troupes, on rangera, pour chaque demi-lune, à la suite l'un de l'autre, deux détachements de travailleurs, composés d'un officier ou sous-officier du génie, 8 sapeurs du génie et 18 hommes d'infanterie.

Ces travailleurs seront munis chacun d'un gabion, d'une pelle et d'une pioche.

Devant chaque demi-lune, il y aura deux piquets de fusiliers, placés dans les cavaliers de tranchée et destinés à se porter dans le couronnement du chemin couvert pour y remplacer les troupes montées à l'assaut et leur prêter main-forte au besoin.

L'excédant des troupes des deux gardes sera réparti dans les tranchées voisines les mieux situées, soit pour appuyer l'assaut, soit pour tirer sur les défenses de l'assiégé.

A un signal convenu, l'artillerie cesse son feu. Aussitôt, un sapeur du génie et deux soldats d'élite, commandés par un sous-officier, s'élancent sur le haut de la brèche, pour la reconnaître et s'assurer si l'ennemi se prépare à une défense de pied ferme, ou s'il existe quelque retranchement intérieur. Le sapeur du génie se porte vivement au saillant de l'ouvrage, afin d'examiner s'il ne s'y trouve point de mine.

Après avoir terminé leur reconnaissance, ces hommes rentrent à la hâte dans le chemin couvert, rendent compte à qui de droit, et le signal de l'assaut est donné immédiatement, s'il y a lieu. Il faut que ce signal soit bien vu ou bien entendu des attaques. Des lances à feu élevées sur les saillants du couronnement du chemin couvert, suivies d'un feu de peloton parti du centre de la troisième parallèle semblent pouvoir convenablement atteindre le but à cet égard.

Les compagnies d'élite de la droite du couronnement franchissent vivement ses gradins, en colonne par demi-section, marchent rapidement sur la brèche, baïonnettes basses, et balaient tout ce qui tient devant elles.

Après s'être emparées du terre-plein de l'ouvrage, elles s'y déploient pour tirer sur les assiégés qui se présenteraient sur les remparts du corps de place.

Les compagnies d'élite formées à la gauche du couronnement partent à la suite de celles de la branche de droite et s'arrêtent dans le chemin couvert, où elles se divisent en deux détachements ayant pour mission de repousser l'assiégé dans chaque branche jusque vers les places d'armes rentrantes, où elles le tiendront en échec, en s'abritant de leur mieux à la faveur des traverses du chemin couvert.

Quant aux détachements de travailleurs affectés à chacune des colonnes, ils en suivront successivement l'élan. L'un d'eux, le plus en avant, établit un logement, ou nid de pie, depuis le milieu du terre-plein jusqu'au saillant de la demi-lune et couronne le bord de sa barbette. Plus tard, ce logement est prolongé jusqu'à la gorge de l'ouvrage, s'il est nécessaire, pour mieux repousser les retours offensifs, et il convient, dans le même but, de passer le fossé à une certaine distance des saillants, de même qu'il est nécessaire que le couronnement du chemin couvert des demi-lunes soit suffisamment étendu pour que la communication au nid de pie ait son entrée au delà de la batterie de brèche.

Le second détachement de travailleurs de chaque attaque dresse, en travers du chemin couvert et du fossé, une gabionnade qui permette de communiquer à son abri avec le logement.

Lorsque ces diverses opérations sont terminées, que la possession des demi-lunes est assurée de la sorte, les colonnes d'attaque se retirent en arrière du couronnement du chemin couvert, laissant un détachement dans les nids de pie et un autre derrière la gabionnade de communication. Ce dernier place quelques sentinelles et un petit poste derrière la première traverse de la branche extérieure du chemin couvert, pour y observer l'ennemi. On bouche provisoirement le passage de cette traverse par une gabionnade, et il est d'usage de faire retirer le poste avant le jour, en ne laissant qu'une sentinelle derrière la traverse.

Les officiers qui conduisent les troupes veillent à ce que chaque détachement accomplisse tout d'abord la tâche qui lui a été assignée dans le dispositif général des attaques.

On appelle descente de fossé, une galerie inclinée par laquelle on va du couronnement du chemin couvert au fond du fossé, s'il est sec, ou un peu au-dessus du niveau de l'eau, s'il est noyé.

La descente à ciel ouvert s'exécute lorsque la contrescarpe n'a que très-peu d'élévation. Les feux plongeants de la place la rendent très-meurtrière. Quand la profondeur à descendre n'est que de deux ou trois mètres, on se sert de blindes pour l'opérer, après avoir creusé le terrain par l'extérieur.

Les blindes sont des châssis d'un mètre soixante-quinze centimètres de hauteur sur un mètre de largeur.

On les place debout, à quarante centimètres les unes des autres, puis on met en travers d'autres blindes par-dessus, et le tout est recouvert de fascines et de terre.

Lorsque la profondeur est plus considérable, il faut avoir recours à la descente souterraine, qui s'exécute en galerie de mine de deux mètres de haut sur un mètre cinquante à deux mètres de large. Cette dernière manière de procéder est naturellement moins périlleuse que la descente à ciel ouvert, puisque les travailleurs ne sont pas exposés aux ravages des projectiles de l'ennemi.

La descente doit être inclinée de un sur quatre au plus, suivre autant que possible une seule direction en ligne droite, et son débouché se trouver vis-à-vis la brèche, à quarante ou cinquante centimètres au-dessus de l'eau, s'il y en a dans le fossé. Lorsque le terrain est sec et facile à remuer, on descend jusqu'à un mètre au-dessous du fond du fossé, et à fleur du fond seulement, quand il est de roc.

En terrain ordinaire, on exécute quatre mètres de descente en vingt-quatre heures.

Ces descentes ont le grave inconvénient de faire pénétrer l'assiégeant dans le fossé par une ou deux issues étroites, pratiquées dans le revêtement de la contrescarpe, ce qui ne permet pas de déboucher assez en forces pour que le passage et les travaux ultérieurs soient efficacement protégés, bien que l'on construise de chaque côté et le long du parement intérieur une galerie crénelée, pour faciliter l'opération, qui ne s'effectue d'ailleurs d'habitude que nuitamment. Aussi, quand l'assiégé sait s'y prendre et se défendre avec vigueur, attaque-t-il ces travaux par des sorties multipliées, sans qu'il ait beaucoup à craindre des feux de l'assiégeant, dont les tranchées sont trop élevées au-dessus du fossé pour que celui-ci soit battu convenablement.

C'est, au surplus, la période du siége où l'attaquant est relativement le plus faible et où conséquemment l'assiégé doit redoubler de résolution courageuse.

L'attaquant amoindrit les dangers de sa position lorsqu'après avoir poussé la descente jusque sous la banquette du chemin couvert, il fait ébouler dans le fossé, par des mines, les terres et la maçonnerie de la contrescarpe. Il continue ensuite sur le talus de l'éboulement, la descente commencée, jusqu'à sa sortie et, à partir de ce point, calculé de telle sorte qu'il se trouve au-dessous de la plongée de l'ouvrage attaqué, l'assiégeant achève de descendre dans le fossé, en sillonnant le talus de l'éboulement par des sapes à découvert, formant des petites places d'armes d'où l'on peut voir venir l'assaillant et le combattre avantageusement.

Sans aucun doute, ces sapes sont exposées aux feux courbes de l'assiégé, mais on obvie en partie à cet inconvénient, en construisant quelques traverses, derrière lesquelles les hommes se blottissent, pour éviter les éclats des projectiles creux.

Quand le fond d'un fossé peut être excavé, son passage s'exécute ordinairement à la sape pleine. On donne à la tranchée 4 ou 5 mètres de largeur, avec banquettes. Parfois cette tranchée est blindée en partie et l'on établit plusieurs boyaux, pour repousser les attaques de l'assiégé.

Lorsque le fond du fossé est de roc ou qu'en creusant, l'eau y surgit, on élève un parapet de 2^{m} 50 de hauteur, avec double étage de gabions, fascines, sacs à terre, etc.

Il n'y a parfois d'autre moyen de passage que la sape volante, exécutée au moment d'un assaut livré à découvert, et quand le fossé est taillé dans le roc, les difficultés sont encore plus grandes, parce que la descente ne peut en atteindre le fond et qu'il faut alors combler d'abord le fossé, jusqu'à la hauteur du débouché.

Les fossés pleins d'eau dormante se franchissent à l'aide d'une digue de 4 à 5 mètres de largeur, construite en terre, gazon, fascines et à laquelle on donne une épaisseur convenable.

Le premier sapeur qui doit travailler au dehors, se forme d'abord un petit logement avec des fascines, derrière lequel il élargit la digue. Il le pousse ensuite progressivement en avant, pendant que d'autres sapeurs régularisent l'épaulement, ou construisent une galerie blindée.

On se sert aussi parfois d'un radeau ou pont flottant, encaissé dans le débouché de la descente.

Si le fossé est noyé, que le courant soit susceptible de former des chasses et qu'on ne puisse réussir à s'emparer des écluses, on construit une digue renforcée de pilotis, à mesure que l'on avance, et l'on jette au fond des gabions chargés de pierres ou d'autres corps laissant passer l'eau.

Cette digue est poussée jusqu'à 6 ou 8 mètres de l'escarpe, avant de battre en brèche, pour que les terres, en s'éboulant, l'achèvent.

Lorsque le fossé est étroit et peu profond, on peut aussi essayer de le combler, en minant à la fois l'escarpe et la contrescarpe.

Il arrive également quelquefois qu'on exécute en même temps que le passage du fossé, opéré pendant un assaut de vive force, une gabionnade en rampe, à partir du pied de la brèche. Mais il faut alors qu'elle laisse en arrière toute la largeur de celle-ci, pour qu'elle ne la barre pas tranversalement, sans quoi l'assiégé l'inonderait de grenades, d'obus et de bombes, jetés à la main.

Enfin, reste encore à construire au sommet de la brèche un nid de pie qui la couronne. C'est derrière ce couronnement que les assaillants se retirent, aussitôt qu'il est construit et qu'ils ont repoussé les défenseurs. On l'étend ensuite à droite et à gauche sur le rempart, pour s'approcher des retranchements intérieurs, si l'ennemi ne capitule pas après l'assaut donné au corps de place.

Admettons si l'on veut, à ce sujet, l'hypothèse que l'assaut devra être livré par un bataillon de tranchée, renforcé d'un autre bataillon. Cela rendra notre exposition plus claire et permettra mieux de faire saisir les détails du dispositif des troupes, dont le nombre croît naturellement en raison des obstacles qu'elles doivent surmonter.

Indépendamment des feux qui auront été dirigés sur la place, pendant une période plus ou moins longue, avant le jour fixé pour l'attaque de vive force, l'artillerie et la mousqueterie des tranchées tireront avec un redoublement d'activité, sur tous les points des défenses qu'elles découvriront, pendant le quart d'heure ou la demi-heure qui précédera l'instant décisif. Les batteries de brèche concentreront leurs feux sur la brèche, pour mieux l'écrêter et en déloger les défenseurs.

La compagnie de grenadiers du bataillon de renfort aura pris poste dans la descente du fossé, derrière celle du bataillon de tranchée. A leur suite se placeront trois détachements de 12 sapeurs du génie, commandés chacun par un officier ou un sous-officier de leur arme. Les sapeurs du premier détachement seront munis d'une hache et d'une pioche, ceux des deux autres auront chacun une pelle et une pioche.

Les voltigeurs du bataillon de renfort, suivis d'une compagnie de fusiliers, viendront après ces détachements et se placeront dans le saillant du couronnement du chemin couvert.

Les nids de pie des demi-lunes seront occupés chacun par une demi-compagnie de fusiliers ayant pour réserve, dans la communication en arrière, leur demi-compagnie disponible.

Il y aura une compagnie dans chaque couronnement du chemin couvert des demi-lunes, pour s'élancer, au moment de l'assaut, dans la branche extérieure de ce chemin couvert, arriver jusqu'à la place d'armes rentrante et chercher de là à fusiller les troupes que l'assiégé aura placées aux flancs des demi-bastions collatéraux de l'attaque.

Une compagnie occupera chacune des extrémités de la troisième parallèle, pour fusiller également les faces de ces demi-bastions.

Les extrémités et le centre de la quatrième parallèle recevront aussi des compagnies, toutes trois destinées à renforcer les fusiliers du chemin couvert, à l'instant où les voltigeurs le quitteront.

Enfin, il y aura au centre de la troisième parallèle une compagnie pour la garde des drapeaux.

Lorsque le feu des batteries cessera, deux caporaux d'élite et un des sapeurs du génie iront reconnaître le bastion et les dispositions de l'assiégé. Ils rendront compte de ce qu'ils auront vu, au général de tranchée, qui se tiendra à cet effet à l'entrée de la descente du fossé, avec le commandant du génie. Si rien ne s'y oppose, le signal de l'assaut sera donné, auquel cas les grenadiers franchiront la brèche, descendront sur le rempart du bastion et se dirigeront : la première compagnie à droite, et la deuxième à gauche, en appuyant vers les épaules, pour démasquer le saillant et commencer aussitôt à tirer sur les défenseurs du retranchement.

Les grenadiers seront suivis par les trois détachements de travailleurs, qui se porteront à la course, savoir : le premier détachement, au centre du retranchement, pour en couper les palissades et ouvrir les parapets ; les deux autres, contre les coupures du bastion, pour les combler et y construire un passage.

Les voltigeurs monteront aussitôt sur la plongée du parapet du bastion et s'y prolongeront à droite et à gauche, afin d'ouvrir leur feu en profitant de cette position dominante pour tirer sur les défenseurs du retranchement, par-dessus la tête des grenadiers.

Quant aux autres compagnies précitées, elles feront, au moment de l'assaut, ce qu'indiqueront leur placement et leur destination.

Si le retranchement du bastion résiste à ce premier effort, ce qui restera d'hommes valides se retirera vers la brèche, en faisant la meilleure contenance possible pour arrêter l'assiégé, dans le cas où il sortirait de son retranchement. Pendant la lutte, l'assiégeant aura naturellement fait tous ses efforts pour se loger sur la brèche, et il aura à prendre des dispositions pour renouveler l'assaut, en cas d'insuccès.

Comme il faut toujours prévoir les obstacles inconnus, nos règlements militaires veulent que les têtes de colonnes d'assaut soient pourvues d'un certain nombre d'échelles, quelque praticable que paraisse la brèche et si ruinés que soient les ouvrages en arrière. C'est une précaution qu'on ne saurait trop recommander, et, faute de l'avoir prise, il est arrivé nombre de fois que des actions de vigueur ont échoué, de même que par l'insuffisance de longueur des échelles.

Il est presque superflu d'ajouter que le corps de siége se tient prêt à agir selon les circonstances, et que les colonnes d'attaque ont toujours des réserves disposées derrière elles, afin que leur succès soit soutenu en temps opportun et complété par des troupes fraîches.

Inutile de dire aussi qu'en pareille matière on ne saurait prétendre formuler un type d'action invariable : les lieux et les événements, l'intelligence et le plus ou moins de vigueur de l'ennemi, modifient nécessairement les procédés de l'attaque. Nous n'avons donc pu vouloir présenter à nos lecteurs qu'un spécimen du dispositif destiné à leur faire embrasser l'ensemble des précautions à prendre et des méthodes employées, le plus généralement, dans l'attaque des brèches faites à des fortifications régulières.

Quant au nombre de troupes à y employer, on conçoit qu'il doit dépendre de considérations impossibles à déterminer d'avance d'une manière absolue.

CHAPITRE VI.

DÉFENSE.

Dispositions préliminaires; organisation du service de sûreté de la place; garde des chemins couverts ; garde des demi-lunes ; reconnaissances et postes extérieurs ; durée du service des troupes; commandants de fronts et réserve centrale ; défense des ouvrages avancés ; dispositif de la défense lors de l'ouverture de la tranchée; première sortie de la place; dispositions relatives à la surveillance extérieure, après l'ouverture de la tranchée ; conduite de la défense pendant les travaux en avant de la première parallèle et le tracé de la deuxième parallèle ; sorties au moment de l'établissement des batteries de l'assiégeant et contre la deuxième parallèle ; défense de l'assiégé à l'ouverture du feu de ces batteries ; emploi des petites armes contre la deuxième parallèle et ses communications ; petites sorties ; dispositif des feux de la défense depuis le commencement des cheminements à la sape pleine jusqu'à la troisième parallèle ; méthode d'exécution pour les feux des tirailleurs du chemin couvert ; probabilités du tir du fusil sur les sapes de l'assiégeant ; conduite de l'artillerie depuis le commencement des cheminements à la sape pleine jusqu'à la troisième parallèle; conduite de la défense depuis le tracé de la troisième parallèle jusqu'à la construction des cavaliers de tranchée ; sorties contre la troisième parallèle; conduite de la défense du chemin couvert ; défense pendant la construction des batteries de brèche, la descente, le passage des fossés et l'établissement des logements sur les ouvrages; défense des brèches; retranchements intérieurs ; leur défense; mines défensives ; détermination de la force de la garnison des places assiégées ; considérations sur le siége de Sébastopol.

Dès qu'une place est menacée par le voisinage de l'ennemi, elle doit être mise en état complet de défense et à l'abri des surprises, même avant qu'elle ne soit investie. Des détachements sortent pour aller aux nouvelles, rassembler des vivres et des munitions.

A l'époque de l'investissement, l'armement de sûreté est complété de manière à flanquer tout le développement de l'enceinte et les dehors, de telle sorte que l'ennemi soit forcé de tenir ses camps éloignés et qu'à l'ouverture de la tranchée on puisse couvrir ses travailleurs de mitraille.

A cet effet, tous les flancs du corps de place sont munis de pièces légères, tirant à barbette, et les barbettes des saillants reçoivent des obusiers à longue portée et des canons de gros calibre, bien qu'en raison de l'éloignement de l'ennemi, l'artillerie ne doive tirer que rarement et sur des groupes seulement.

Si l'ennemi s'établit trop près de la place, on le laisse faire, pour le forcer ensuite à se reporter plus loin, en tirant sur lui avec du gros canon. En tout cas, il est nécessaire de se tenir en mesure de repousser toute insulte, à l'aide d'un feu vif d'artillerie, et il convient pour cela d'établir sur chaque front un dépôt de poudre et de projectiles.

Tous les moyens de défense s'organisent en même temps. Ainsi, on ouvre des embrasures sur les fronts présumés d'attaque ; on commence les plates-formes et les traverses ; le terrain est nettoyé de toute bâtisse ou plantation, jusqu'à la bonne portée du canon, et tous les parapets rendus défensifs. Des rampes, ponts, escaliers et radeaux sont établis pour faciliter les communications à l'extérieur, et l'on dispose, s'il y a lieu, tout ce qui tient aux manœuvres d'eau dans les fossés. Les inondations sont tendues, quand la place en possède pour sa défense. On palissade les ouvrages en terre; les chemins couverts et les réduits en charpente sont préparés. Enfin, on renforce les points présumés d'attaque, par des retranchements intérieurs, des flèches en avant des ouvrages et des dispositions de mines, sous les principaux saillants.

Les ouvrages avancés sont occupés par des postes de 20 à 100 hommes, selon leur importance, et on procède dès lors à la formation de compagnies provisoires d'ouvriers, d'artificiers, du train, composées d'habitants. L'artillerie exerce les auxiliaires que lui fournit l'infanterie; elle organise son service par arrondissements de l'enceinte; établit un ou plusieurs ateliers d'artifices, à l'abri de la bombe, et fait confectionner des cartouches d'infanterie, des artifices, tourteaux, balles à feu, fascines goudronnées, charger des bombes, des obus et préparer des fusées pour ces projectiles. On dispose également, avec les mêmes précautions, des ateliers de réparation, et l'on prépare des fascines pour les batteries et leurs traverses.

Le mode de service est réglé de manière que les dispositions que nécessite la sûreté de la place soient assurées et à imprimer à la défense un caractère énergique. A cet effet, des militaires expérimentés conseillent tout d'abord l'organisation d'un bataillon d'élite, que l'on fera jouir de toutes les immunités, privilèges et distinctions compatibles avec nos règlements et en harmonie avec l'esprit de notre armée. Cette troupe de choix constituera une solide réserve, et son action sera décisive en beaucoup de cas où nulle autre ne saurait la remplacer. Elle doit être exempte de travail ; c'est le moins qu'on puisse faire en faveur d'hommes destinés à prodiguer leur sang, dans les circonstances les plus dangereuses du siége, comme nous le verrons ultérieurement.

Les dispositions de sûreté de la garnison consistent à garder l'enceinte, les chemins couverts, les dehors et à tenir quelques postes dans la campagne, pour s'opposer aux reconnaissances de l'ennemi et surveiller l'ouverture de ses tranchées, afin d'éviter, s'il se peut, de se laisser tromper par de fausses attaques.

Les détachements au dehors sont appuyés par des pièces de campagne attelées, qu'on établit dans des positions sûres et qui doivent rentrer le soir. On allume les réchauds de rempart pendant la nuit, et les glacis sont éclairés par des fascines goudronnées.

La possibilité des surprises et des attaques de vive force oblige à garder activement le corps de place, dont la sécurité ne saurait être assurée par la garde du chemin couvert et la surveillance des postes extérieurs, qui ne sont pas assez forts pour s'opposer à des entreprises audacieuses de l'ennemi. Ils seraient exposés à se voir ramenés dans le chemin couvert, où l'ennemi pourrait arriver en même temps qu'eux et pénétrer même à leur suite dans la place. C'est pourquoi il faut qu'il y existe toujours une force prête à agir immédiatement et susceptible de faire tête jusqu'à ce que des renforts soient en mesure de repousser l'agression.

On dispose sur les parapets du corps de place, des sentinelles placées à 55 ou 60 mètres les unes des autres, distances qui les maintiennent à portée de la voix, par les temps pluvieux ou venteux.

Ces sentinelles surveillent la campagne et les fossés ; prêtent l'oreille à tout bruit, disposées à faire feu et à donner l'alerte à leur poste respectif. Les postes qui les fournissent sont établis sur le terre-plein du rempart, ayant à leur proximité des dépôts de grenades, d'obus, de pots à feu, de fascines goudronnées et d'autres objets susceptibles d'être jetés sur l'ennemi lorsque, entassé au pied du mur, il y dresse ses échelles.

Ces postes doivent être assez multipliés pour qu'ils puissent entendre le cri de leurs sentinelles, et assez forts pour qu'ils comptent au moins trois hommes pour chacune d'elles. Cela les portera à 6 ou 9 hommes, au plus.

La garde d'un front bastionné de 360 mètres de développement extérieur n'ayant pas moins de 420 mètres de parapet, exigera une sentinelle au saillant de chaque bastion, une au milieu de chaque face, une sur chaque angle d'épaule et une près de chaque extrémité de la courtine, ce qui fait huit sentinelles pour un front isolé et sept seulement pour chaque front d'une enceinte continue.

Les trois sentinelles du bastion seront fournies par un poste de neuf hommes et un sous-officier ; on le placera sur le terre-plein du saillant.

La sentinelle d'un angle d'épaule et celle de la demi-courtine adjacente seront fournies par un poste de six hommes et un caporal, établi sur le terre-plein du flanc.

D'après ces données, la garde ordinaire d'un front du corps de place exige trois postes, comprenant en tout 21 soldats, un sergent et deux caporaux. Mais ils ne sauraient suffire seuls à repousser la fougue d'une première attaque ; on les appuie donc d'une réserve disposée d'avance sur chaque front, prête à se porter sur les points menacés, soit pour garnir les flancs et fusiller les assaillants, soit pour les combattre directement, s'ils gravissent déjà leurs échelles.

Les armes de précision donneront à leurs feux assez de justesse pour que nous supposions qu'il deviendra inutile de les munir de fusils de rempart, ce que l'on faisait autrefois.

La force de ces réserves variera naturellement avec la disposition des fortifications. En général, trente hommes par front suffiront, quand les fossés seront secs et que les revêtements d'escarpes auront dix mètres de hauteur.

Le point de station des réserves est habituellement voisin de la poterne du front ; elles posent une sentinelle devant les armes et une autre à l'entrée de la poterne. Cette dernière, placée dans l'intérieur de la poterne, se tient aux écoutes, près de sa porte extérieure et reçoit, au moindre bruit, un renfort de quelques hommes. Dans le cas où l'ennemi pétarderait la porte, la sentinelle se réfugierait en dedans et fermerait la porte intérieure, pour donner ainsi aux secours le temps d'arriver.

L'objet des chemins couverts est de favoriser les reconnaissances et les sorties, de surveiller les contrescarpes et les communications et de rapprocher des travaux de l'ennemi des tirailleurs d'infanterie qui les retardent en les inquiétant. L'assiégé gabionne habituellement la crête du chemin couvert et s'y établit tout d'abord, pour surveiller les contrescarpes par des procédés semblables à ceux employés pour assurer la sécurité au corps de place. Des sentinelles placées à soixante mètres au plus les unes des autres occupent les saillants, d'où elles découvrent mieux la campagne, et surveillent en même temps les communications, dans lesquelles personne ne doit pénétrer sans en être aperçu.

Il faudra pour un front de Cormontaingne une sentinelle au saillant du chemin couvert de chaque bastion, une au saillant de chaque place d'armes rentrante, une au saillant du chemin couvert de la demi-lune et deux sur chaque branche de cet ouvrage, ce qui fait en tout neuf sentinelles par front isolé et huit seulement pour chacun des fronts contigus. Ces sentinelles seront fournies par deux postes de douze fusiliers, commandés chacun par un sergent. Ils s'établissent dans les places d'armes rentrantes, près de la communication avec le fossé, position la plus favorable pour soutenir les sentinelles et protéger leur retraite.

En cas d'insulte, les sentinelles poussent le cri d'alarme, font feu et se replient sur leur poste, qui échange quelques coups de fusil avec l'ennemi, pour mieux le reconnaître, et se réfugie dans le réduit de la place d'armes ou, s'il n'en existe pas, dans le fossé du corps de place, derrière la tenaille. Les hommes gravissent cet ouvrage et le bordent pour fusiller l'ennemi, s'il est assez téméraire pour descendre dans le fossé. Cette retraite, au surplus, ne doit jamais s'effectuer qu'en présence d'un adversaire parfaitement reconnu supérieur en nombre, et, quoi qu'il arrive, il est de règle de nejamais ouvrir la porte aux fuyards, car l'ennemi pourrait y pénétrer avec eux. C'est à eux à se défendre vigoureusement et au corps de place à les protéger.

Lorsque la garnison est faible, ou que les fossés sont pleins d'eau, on peut, à la rigueur, se dispenser de maintenir ces postes extérieurs pendant le jour ; mais ils seront seuls capables de prévenir les surprises nocturnes. L'ennemi profitant d'une nuit sombre ou du mauvais temps, aurait bien des chances d'arriver au pied des murs, avant d'avoir été aperçu par les sentinelles du corps de place.

Aussitôt qu'on est sérieusement menacé d'un siége, les demi-lunes doivent être gardées, car si l'ennemi y pénétrait, il en aurait bientôt désorganisé la défense, à l'aide de quelques barils de poudre qui feraient sauter les passages voutés, les galeries de mine et les casemates de ces ouvrages. Une seule nuit suffirait même pour creuser des puits de mine derrière la contrescarpe, travaux que l'attaquant exécuterait abrité des feux du corps de place, par les traverses du chemin couvert. Ces mines, bien que chargées sans bourrage, renverseraient parfaitement le revêtement et détruiraient ainsi la communication avec le chemin couvert. Il y aurait même à craindre que l'ennemi ne parvînt à pratiquer des sapes volantes sur les glacis des deux demi-lunes voisines et à les unir par une parallèle avec des communications en arrière, dans le cas où ces demi-lunes auraient une grande saillie sur le corps de place. Cela permettrait évidemment à l'assiégeant, dit le général Rogniat, d'audacieuses entreprises nocturnes avec de petits détachements qui, à cette proximité de la place, réussiraient peut-être à enclouer les pièces du chemin couvert et à tuer leurs canonniers. Le moral des défenseurs, dont les feux sont naturellement incertains pendant la nuit, pourrait d'ailleurs souffrir d'une semblable situation.

On espace également d'environ 60 mètres les sentinelles des demi-lunes, ce qui porte à cinq celles qu'exigerait la garde d'une grande demi-lune. Une est placée au saillant, deux sur chaque face, dont l'une est près de l'épaule, pour surveiller la gorge de l'ouvrage et sa communication. Ces sentinelles sont fournies par un poste de quinze hommes, un sergent et un caporal, qu'on établit sur le terre-plein, près du saillant. Cette situation est commandée par la nécessité d'accourir à temps à la défense du saillant, véritable point faible de l'ouvrage, sur lequel l'ennemi dirigera sans doute ses attaques. Elle a l'inconvénient de nuire aux communications à la voix avec les sentinelles, mais pour qu'il en fût autrement, il faudrait qu'il y eût un poste sur chacune des faces des demi-lunes, ce qui n'est pas possible en assurant en même temps la défense du saillant, sans qu'on dût mettre dans ces ouvrages plus de monde que ne le permet habituellement la force des garnisons assiégées.

Lorsque le poste d'une demi-lune y est forcé, il se réfugie dans le réduit, ou, à défaut, dans le fossé de la place, derrière la tenaille. Il n'est pas au reste nécessaire de lui donner un soutien immédiat, attendu que les feux d'artillerie et de mousqueterie de la courtine et des bastions le lui fournissent naturellement.

Au surplus, la faiblesse de ce poste est hors de doute devant une forte colonne attaquante, mais il aura cela d'avantageux qu'il contraindra l'ennemi à déployer beaucoup de forces pour agir contre l'ouvrage. Or, elles seront nécessairement exposées aux feux meurtriers de la place, et alors qu'elles parviendraient même à se maintenir assez de temps pour y causer quelques dégâts, elles payeraient fort cher un si mince résultat.

Les postes répartis sur l'enceinte du corps de place et au dehors n'ont pour objet qu'une défense immédiate, qui serait insuffisante et trop passive, si l'on ne l'étendait au delà du chemin couvert. Cela fait que l'on envoie des reconnaissances dans la campagne, à toute heure de nuit, et que pour entraver celles de l'ennemi, être renseigné sur l'ouverture de ses tranchées et surveiller tous ses mouvements, on maintient quelques postes au delà des glacis, pendant le jour.

Les reconnaissances nocturnes partent des saillants les plus avancés du chemin couvert et se portent à deux ou trois cents mètres en avant; elles écoutent attentivement tous les bruits qui viennent du dehors, cherchent à découvrir les avant-postes de l'ennemi et à enlever les officiers qui pourraient s'aventurer pour étudier les lieux. Ce service ne doit être confié qu'à des soldats d'élite, car lorsque l'adversaire aperçoit une reconnaissance, il manœuvre généralement pour la repousser de vive force, ou l'enlever en la coupant de la place. Quinze ou seize hommes bien commandés suffiront pour chaque front. Si l'ennemi se montre timide, ils pourront s'aventurer plus loin que nous l'avons dit, mais tout fait une loi d'éviter des pertes regrettables, dès le commencement du siége.

Quant aux reconnaissances de cavalerie, elles peuvent se porter à 500 ou 600 mètres du chemin couvert, sans se compromettre ; elles ont souvent plus de chances que celles d'infanterie de troubler les détachements isolés de l'ennemi. On conseille à leur égard d'établir de deux en deux portes de la place une trentaine de cavaliers qui, lorsque c'est possible, sortent par l'une d'elles et rentrent par l'autre. Les reconnaissances d'infanterie et de cavalerie sont alors combinées de manière à ne point se rencontrer et à jouir d'un repos d'une heure.

Pendant le jour, les reconnaissances d'infanterie se changent en postes avancés, établis à trois cents mètres des saillants, dans les positions les plus favorables, où ils construisent de petites tranchées en forme de flèche, dont les branches sont bien enfilées par les feux de la place. Bien soutenus par l'artillerie des ouvrages, ces postes ne risquent pas d'être enlevés, car la ligne de contrevallation de l'ennemi sera toujours éloignée de 1200 mètres, au moins, et même probablement beaucoup plus, quand l'armement des places sera composé de canons rayés. Ces postes auront donc plus que le temps nécessaire pour échapper à l'agression de la cavalerie, en supposant qu'elle eût la témérité de s'exposer à se faire mitrailler par les feux des ouvrages.

Ajoutons qu'il faut aux grandes demi-lunes deux sentinelles de plus que pour les petites ; que les postes d'observation du chemin couvert, les reconnaissances et la garde des demi-lunes ne sont nécessaires qu'autant que la place est investie d'assez près pour qu'elle soit sérieusement menacée d'un siége ; qu'autrement on peut se borner à garder l'enceinte et qu'il en est de même lorsque les fossés sont pleins d'eau.

Il est admis que les troupes de la garnison ne sauraient faire plus de vingt-quatre heures de service consécutif sans être promptement excédées. Cela n'est pas cependant une cause suffisante pour qu'on doive se priver des services continus des officiers à qui l'on aura confié le commandement des divers fronts d'attaque, disposition qu'ont préconisée des hommes expérimentés dans la guerre de siége. Lorsqu'on l'adoptera, il conviendra de construire à l'usage de ces officiers un petit blindage, au pied du rempart, et de les choisir actifs et résolus.

La garnison française de Burgos a campé sur les remparts ; c'est un fait exceptionnel qui mérite certainement d'être rappelé, mais en considérant toutefois que son renouvellement ne serait opportun, dans certaines circonstances données, qu'autant qu'on aurait plutôt à se prémunir contre une attaque de vive force qu'à se défendre contre les travaux d'un siége régulier.

Le général Rogniat pense que les commandants de fronts doivent exercer leur autorité sur les troupes qui les défendent à l'extérieur comme à l'intérieur. Ces officiers s'appliquent à bien étudier le fort et le faible de leur position, afin de ne point être pris au dépourvu par les événements. Ils entretiennent l'activité de tous et une surveillance incessante en multipliant les rondes et en en faisant fréquemment eux-mêmes, surtout pendant la nuit. C'est leur plus sûr garant d'éviter les surprises.

La clef de la poterne leur est remise ; ils ne la confient jamais à personne et ne permettent d'ouvrir la porte qu'en leur présence.

En cas d'alerte, ils se portent sur le point attaqué, avec la réserve du front, et combattent avec la plus grande énergie, pour donner à la réserve centrale le temps d'accourir à leur secours. Cette dernière, forte de 150 hommes du bataillon d'élite, campera en permanence sur une place voisine du logement du gouverneur ; elle constitue le seul moyen d'assurer, en toute circonstance, à la garnison le temps de prendre les armes et de border les remparts, s'il est nécessaire. On évite, au reste, de battre la générale pour des alarmes insignifiantes, car il pourrait arriver que les troupes n'agissent plus qu'avec nonchalance, quand il faudrait qu'elles le fissent avec la plus grande activité.

La variété de formes et de capacité des ouvrages avancés exclut la possibilité d'établir des règles fixes pour leur défense. On ne peut émettre que des principes généraux à cet égard, dont l'application varie naturellement selon les obstacles que ces ouvrages présentent à l'ennemi.

Quoi qu'il en soit, il leur faut toujours, comme pour le corps de place, une chaîne de sentinelles sur les remparts, et qu'une surveillance spéciale soit exercée à la gorge des ouvrages, qui est ordinairement leur partie la plus faible.

Lorsqu'ils sont entourés d'un fossé et d'un chemin couvert, il est d'autant plus nécessaire d'y mettre un poste qui fournisse des sentinelles, qu'on a plus à y redouter les surprises que dans les ouvrages plus voisins de la place.

Toute bonne défense doit s'appuyer sur une réserve dont la force soit en raison de la capacité de l'ouvrage, de sa faiblesse relative et de son éloignement de la place. S'il n'y existe point de réduit, il faut au moins qu'il soit suppléé par un blockaus, pour recevoir la réserve, d'où elle défendra, par des feux exécutés à petite distance, les postes intérieurs et la gorge. Mais si ces postes viennent à être forcés, ce n'est pas dans le réduit qu'ils doivent se retirer, car ils y porteraient le désordre et risqueraient d'y introduire l'ennemi avec eux. Leur refuge est dans les chemins couverts de la place, où, après s'être ralliés et avoir été renforcés, ils essaient de reprendre l'ouvrage, sous la protection du feu du réduit, avant que l'ennemi ait eu le temps de s'y loger et d'assurer sa communication.

Le resserrement plus marqué des reconnaissances nocturnes, le tumulte inévitable des travailleurs et le cliquetis des outils sont les indices les plus ordinaires de l'ouverture de la tranchée.

L'assiégé fait alors rentrer ses petits postes extérieurs, impuissants à contrarier ces travaux et qui ne pourraient que gêner le jeu de l'artillerie des remparts sur les travailleurs de l'ennemi, pendant le temps qu'ils emploieront à se couvrir.

On dispose alors l'armement de la défense, de telle sorte que les faces des ouvrages qui voient les travaux de l'assiégeant, à bonne portée, soient garnies du plus d'artillerie possible. Toutes les pièces de réserve sont, à cet effet, amenées sur les remparts, du côté de l'attaque, et on travaille activement à la construction des plates-formes, embrasures et traverses. Ces dernières s'établissent de 2 en 2 pièces, ou de 3 en 3 au plus, sur les faces ricochables. Les pièces montées sur affûts de place sont disposées immédiatement derrière les traverses, et celles sur affûts de siége, plus éloignées.

On ne laisse, s'il le faut, sur chaque bastion hors des attaques, qu'un seul canon de gros calibre, ou un obusier, au saillant, et un canon de petit calibre à chaque flanc. Les barbettes sont d'abord armées complétement et l'on dispose des obusiers à six ou huit mètres en arrière des parapets, pour tirer à ricochet, en attendant que les plates-formes et les embrasures soient terminées. Les plates-formes des barbettes sont abaissées et des merlons élevés sur les parapets, pour convertir les barbettes en batteries à embrasures. On garnit le front d'attaque du plus grand nombre de mortiers possible, en plaçant les plus gros sur les courtines adjacentes au bastion d'attaque, et les petits dans les dehors. Quelques obusiers sont mis en batterie dans les places d'armes du chemin couvert, mais de façon à ne pas gêner les mouvements des troupes, et l'on fait sortir quelques pièces légères en avant des glacis, pour tirer à balles sur les travaux de l'ennemi, en les éclairant, pendant la nuit, avec des balles à feu. On lance aussi quelques obus dans la direction des capitales, pour ricocher les communications.

Il faut, en général, trois ou quatre jours pour terminer cet armement, et l'artillerie construit, en outre, à la queue des glacis et reliées au chemin couvert, des espèces de contre-approches ou gabionnades, dans lesquelles elle conduit, pendant le jour, des pièces légères pour enfiler quelques parties des tranchées de l'assiégeant. Ces gabionnades sont détruites quand on est forcé de les abandonner. Enfin, on établit aussi des communications faciles avec les dehors et les fronts attaqués, en même temps qu'on complète la défense de ces derniers.

Tous les travaux relatifs à l'armement doivent être achevés pour le moment où l'ennemi ouvre le feu de ses batteries. Cet instant est évidemment l'un des plus critiques pour l'assiégeant, puisque ses travailleurs arrivent à découvert sur un terrain qui leur est inconnu. Aussi l'assiégé y trouve-t-il assez souvent des motifs puissants pour faire une première sortie. Sa détermination dépend, au surplus, de la nature des travaux entrepris, de leur éloignement de la place, de la position et du nombre des troupes qui les appuient. Toutes ces considérations méritent d'autant plus d'être pesées qu'on n'aura guère de chances d'intimider l'ennemi et de disperser ses travailleurs, que si la tranchée a été ouverte à bonne portée de mitraille, 400 mètres environ de la place, et surtout si les appuis et les gardes sont trop faibles ou mal distribués. Alors, après une heure ou deux de feu, une sortie vigoureuse châtiera vraisemblablement l'assiégeant de sa témérité, le forcera d'être plus circonspect à l'avenir et de reporter ses travaux plus loin.

Lorsque l'attaquant procède d'après les principes méthodiques admis pour la conduite des travaux de siége, on peut dire qu'en général les sorties de jour, faites sur les premières tranchées, courront grand risque d'être fort maltraitées. Aussi est-il rare qu'on doive les tenter à une telle distance de la place, car, au jour, l'assiégeant sera couvert et en forces derrière des parapets, si le terrain des attaques a été facile à remuer. L'ennemi pourra d'ailleurs manœuvrer avec ses réserves sur les flancs des sorties pour essayer de les couper de la place, ce qui, en somme, fera courir des risques sérieux à l'assiégé pour n'obtenir, en définitive, que des résultats fort peu importants.

Les sorties de nuit ne sont guère plus admissibles dans ces mêmes conditions, à moins qu'on ne se borne à des courses de cavalerie sur le terrain des attaques, pour causer du désordre parmi les travailleurs et retarder leur besogne. Mais, en définitive, les sorties éloignées, dans lesquelles l'assiégé quitte en partie ses avantages pour entrer dans une zone favorable à l'assiégeant, peuvent être considérées plutôt comme nuisibles qu'utiles à la défense, qui aura besoin plus tard du sang de ses braves.

Cependant, lorsque l'assiégé aura été assez vigilant pour reconnaître le moment de l'ouverture de la tranchée ; qu'on trouvera de l'opportunité à rehausser le moral de la garnison dès le commencement du siége, par une entreprise à laquelle les fautes de l'attaquant ou les difficultés locales offriront des chances de succès, il y aura évidemment moins d'inconvénients à exécuter une sortie sur la première parallèle, aussitôt que le jour permettra d'apprécier la nature des travaux et les dispositions de l'ennemi.

Si le terrain s'est opposé à ce que les tranchées

aient acquis les dimensions voulues pour bien couvrir leurs gardes, celles-ci devront nécessairement replier vers les dépôts de tranchée, qu'on est souvent contraint de tenir assez éloignés, faute d'abris suffisants plus rapprochés. Les travaux seront donc alors faiblement soutenus tout d'abord, et une sortie vigoureuse parviendra peut-être à les détruire en partie, avant que des renforts puissent s'y opposer L'important pour l'assiégé, en pareil cas, est d'agir vivement.

Un officier général d'un haut mérite, bien que les idées qu'il a émises sur la guerre lui aient, si nous ne nous trompons, attiré de sévères critiques du plus grand capitaine des temps modernes, le général Rogniat conçoit ces sorties exécutées sur trois colonnes : deux partant des saillants collatéraux au front d'attaque les plus rapprochés des travaux extrêmes de l'assiégeant et cherchant à déborder ses travailleurs ; la troisième agissant contre leur centre et prête à servir de réserve aux deux autres, en cas de revers.

Dans le cas où les colonnes latérales feraient replier les gardes et les travailleurs vers la colonne du centre, celle-ci serait en but à de nombreux feux convergents, si son chef n'avait la sagesse de ne l'engager que peu à peu jusqu'au moment où, pouvant se réunir aux deux autres, elles achèveront toutes trois la défaite de l'ennemi. Quand, au contraire, il dégarnira son centre, pour secourir l'une ou l'autre de ses ailes, la colonne du centre marchera résolûment à lui pour le séparer et compléter sa dispersion.

Des détachements de travailleurs auront dû suivre les colonnes, qui se garderont de poursuivre au loin les fuyards. L'objet important de la sortie est, avant tout, de bouleverser les tranchées commencées, et les travailleurs de la place s'attacheront particulièrement à combler les points de jonction des amorces de la parallèle, avec les communications en arrière. Cela fait, ils emporteront les armes et les outils abandonnés dans les tranchées. Pendant ces opérations, la sortie contiendra l'assiégeant, en veillant à ne se laisser ni tourner, ni déborder, car l'ennemi se sera sans doute rallié et renforcé promptement pour prendre l'offensive, et tentera vraisemblablement de couper l'assiégé de ses ouvrages, si celui-ci s'est laissé emporter à une poursuite imprudente.

Les pièces de gros calibre seconderont de leur mieux la sortie, et l'assiégé aura dû faire précéder la tête des colonnes par quelques pièces de campagne, pour mitrailler de plus près les travailleurs. Elles se mettront en batterie à 150 ou 200 mètres au plus du chemin couvert, et tireront jusqu'à ce qu'elles soient masquées par les troupes. Il serait dangereux de les porter plus loin, et dès que la sortie les aura dépassées, on devra les faire rentrer dans la place.

Aussitôt que la sortie aura regagné le chemin couvert, les pièces de gros calibre seront dirigées sur les parties démolies des travaux, ce qui en rendra les approches meurtrières pendant le jour et encore dangereuses durant la nuit, car l'artillerie des ouvrages n'aura pas manqué de se repérer pour bien tirer et faire ainsi payer cher le rétablissement des tranchées.

Répétons, au surplus, qu'une pareille sortie n'aura d'opportunité qu'autant que des fautes, la faiblesse ou la témérité de l'ennemi créeront des chances de réussite. Si l'assiégeant ouvre la tranchée à environ six cents mètres de la place, que ses gardes soient suffisamment nombreuses et protégées par des mouvements de terrain ; qu'il n'ait négligé aucune des précautions voulues pour repousser une attaque directe de la garnison, mieux vaudra qu'elle s'abstienne de tenter la fortune, au risque d'éprouver des pertes sérieuses, dans un but peu considérable.

Dans les cas ordinaires, les sorties sur une première parallèle à six cents toises de la place, dit Cormontaingne, seront toujours très-maltraitées.

Lorsque les intentions de l'ennemi ne sont plus douteuses, la surveillance générale qu'il avait été nécessaire d'exercer sur tous les fronts de la place peut cesser à l'extérieur sur les fronts qui ne sont point attaqués. On devra cependant continuer les reconnaissances nocturnes et maintenir des postes extérieurs de jour sur le front d'attaque et les composer d'hommes du bataillon d'élite.

Ces postes sortiront des chemins couverts, à différentes heures de nuit, s'avanceront sur les capitales, pour s'opposer aux reconnaissances de l'assiégeant et reconnaître ses travaux de sape. Ils ne devront point attaquer les travailleurs, à moins que ceux-ci ne commettent quelque faute compromettante, car leurs soutiens seront à peu de distance et parfaitement abrités dans la première parallèle. Au jour, ces postes se placent dans les petites flèches dont nous avons parlé précédemment, d'où ils inquiètent, par leur feu, le perfectionnement des tranchées. Leur position n'y sera d'ailleurs tenable que s'ils sont au moins aussi rapprochés de la place que de l'ennemi, et lorsque ses cheminements auront progressé, même avant qu'ils aient atteint la deuxième parallèle, il conviendra de les abriter dans de nouvelles flèches, construites à 150 mètres du chemin couvert et semblables à celles abandonnées.

En même temps que, pour ne point fatiguer inutilement la garnison, on supprimera les reconnaissances de nuit et les postes extérieurs de jour, sur les fronts non attaqués, il va sans dire que la garde de l'enceinte sera maintenue sans aucune modification.

On pourra retirer, pendant le jour, les postes d'observation du chemin couvert, car il sera possible alors de suivre de la place tous les mouvements de l'ennemi. Mais, durant la nuit, le maintien de ces postes mettra seul l'assiégé à l'abri des surprises.

Quant aux demi-lunes des fronts non attaqués, ils conserveront leur garde ordinaire, plus une réserve de douze hommes, qu'on logera dans un réduit en charpente, s'il n'en existe pas en maçonnerie dans l'ouvrage.

Enfin, les poternes et les communications avec le chemin couvert seront défendues par de petits postes de six hommes, établis dans les réduits des places d'armes rentrantes.

Il ne faut pas que l'assiégeant puisse s'emparer des demi-lunes, même pour peu de temps, car il ne manquerait as d'en enclouer l'artillerie et de ruiner leurs communications avec la place, à l'aide des traverses contre le ricochet.

La cavalerie cesse d'être utile à cette période du siége. Ses chevaux peuvent être employés au transport de l'artillerie, à moins qu'on ne les abatte pour augmenter les vivres de la place. Les cavaliers démontés concourent au service comme fantassins.

L'assiégé reconnaît les travaux d'attaque pendant la nuit, en jetant au dehors des pots à feu qui permettent à l'artillerie de mitrailler les travailleurs jusqu'à ce qu'ils soient couverts par les parapets des tranchées. Alors, on tire à obus sur les sapes, en battant plus particulièrement celles de leurs parties qui ne sont pas terminées, et l'on ricoche quelques obus sur les capitales, pour inquiéter les zigzags.

L'artillerie s'attache aussi à interrompre autant que possible la construction des batteries assiégeantes, en y jetant beaucoup de bombes et d'obus, et en prenant particulièrement pour buts deux ou trois batteries principales. La vivacité de ses feux augmente d'ailleurs à mesure que l'ennemi se rapproche et doit se soutenir jusqu'au moment où les batteries de l'attaquant commencent à tirer. Les feux redoublent d'intensité lors de la construction batteries de la deuxième parallèle, dont on ricoche avec des obus, les communications en arrière, par lesquelles les pièces sont conduites à ces batteries. Pendant la construction de la deuxième parallèle, on réunit le plus possible de feux à mitraille sur les travailleurs et, pour mieux les diriger, le tir est rectifié avant la nuit, bien repéré, puis éclairé par des balles à feu.

Les gardes d'infanterie des demi-lunes armées envoient des patrouilles extérieures pendant la nuit, tant que l'ennemi est hors de portée, et elles embusquent des tirailleurs dans des trous de loup, durant le jour. Elles maintiennent huit à dix fusiliers en permanence sur les saillants, tout le temps que met l'assiégeant à construire sa deuxième parallèle, et s'éclairent par des balles à feu, pour mieux ajuster ses travailleurs. Ces tirailleurs sont relevés toutes les heures.

Pendant cette période du siége, les canons et obusiers tirent deux ou trois coups par heure; les mortiers, une cinquantaine de bombes par 24 heures, et toutes les pièces sont munies des hommes nécessaires pour faire un feu nourri à l'ouverture de celui des batteries de l'assiégeant. Mais, avant ce moment, l'assiégé aura peut-être voulu faire une grande sortie sur les batteries de l'ennemi, pendant la nuit de leur armement, afin d'avoir moins à souffrir des feux de l'adversaire. Au milieu du désordre et de l'encombrement inévitable causés par une semblable opération, l'assiégé peut réussir à bouleverser les travaux d'attaque et à ruiner en partie l'artillerie de l'assiégeant, résultat le plus important qu'on puisse obtenir en pareil cas.

Le dispositif pour cette sortie sera le même que celui qui a été exposé antérieurement, avec cette différence cependant qu'on ne fera pas sortir des pièces de campagne, puisque l'artillerie de la place tient l'ennemi à petite portée sous son feu. Indépendamment des travailleurs qui suivront les colonnes de la sortie, on désignera des hommes spéciaux munis de l'outillage nécessaire pour enclouer les canons, et d'autres chargés de faire sauter les affûts, au moyen de bombes et d'obus. Il sera même bon d'emmener des attelages pour entrer les pièces dans la place, ou tout au moins les éloigner des tranchées.

L'obligation de ne point compromettre la sûreté ultérieure de la place fait que, quels que soient les résultats espérés d'une semblable sortie, la prudence veut qu'on n'y affecte pas plus du tiers de la garnison. Insistons aussi sur ce que son but étant parfaitement déterminé d'avance, on commettrait une faute impardonnable en se laissant entraîner à poursuivre l'ennemi au delà de ses batteries, et qu'on ne manquerait certainement point de payer fort cher.

Si l'assiégeant est sur ses gardes, que ses flancs soient appuyés par de bonnes redoutes, et qu'il y tienne des réserves convenables ; si les colonnes de la sortie trouvent partout une forte résistance, ce qu'elles auront de mieux à faire sera de rentrer dans la place. A défaut d'autre avantage, cette sortie aura au moins forcé l'assiégeant à déployer des masses pour la repousser, et à les mettre peut-être en prise aux feux meurtriers de l'artillerie des remparts.

Pendant le tracé de la deuxième parallèle, des sorties de trois ou quatre cents hommes, au plus, faites vers la fin de la nuit, sont conseillées par des militaires expérimentés, dans le but de détruire les tranchées de l'ennemi et de l'amener ensuite sous les feux de la place. Il est certain qu'à cette distance les sorties auront plus de chances de réussir que lorsqu'elles seront exécutées contre des travaux plus éloignés de la place, et que si l'adversaire commet l'imprudence de s'en rapprocher à découvert, l'artillerie des ouvrages devra l'en châtier sévèrement.

Lorsque l'assiégeant ouvre le feu de ses batteries, l'assiégé engage un combat d'artillerie dans lequel il cherche à écraser quelques batteries en y dirigeant un feu supérieur de mortiers et de canons de gros calibre. Ce combat doit cesser, d'après le général Rogniat, quand les pièces auront tiré soixante coups chacune, et les canonniers seront alors ramenés à un armement complet pour deux pièces seulement. Tant que l'ennemi chemine à la sape volante, on se borne à mitrailler ses travailleurs, au commencement de chaque nuit, et à battre, le matin, les parties imparfaites des tranchées ; mais les pièces des saillants continuent à ricocher les zigzags avec des obus, plus particulièrement aux heures où l'on relève les gardes des tranchées, et l'artillerie s'éclaire avec des balles à feu, pendant la nuit.

Quand les feux de l'ennemi acquièrent la supériorité sur ceux de la place, on désarme à moitié les faces ricochées, en ne laissant en batterie que les pièces voisines des traverses et montées sur affûts de place, que l'on remplace par des affûts de siége, à mesure qu'ils sont détruits, et on ne tire plus qu'à embrasures. L'artillerie n'agit plus alors que sur les têtes de sapes et les cheminements, tantôt d'un point, tantôt d'un autre, et, s'il est possible de déplacer souvent les pièces, il convient de le faire pour forcer l'ennemi à changer la direction de ses feux.

Les gros mortiers ne cessent pas de tourmenter les batteries de l'assiégeant.

Tant que l'ennemi n'est pas à bonne portée de fusil des chemins couverts, l'action des petites armes contrarie fort peu ses opérations. N'ayant à craindre que les feux de l'artillerie des ouvrages, dont le tir est nécessairement incertain pendant la nuit, il en profite pour s'avancer à la sape volante et reste couvert dans ses tranchées, qu'il perfectionne pendant le jour. Mais lorsque l'assiégeant arrive à la deuxième parallèle, distante seulement d'environ trois cents mètres des saillants des chemins couverts, l'importance des feux de l'infanterie devient manifeste, et si elle est munie d'armes de précision, nul doute qu'elle n'ait pu contrarier de plus loin suffisamment les travaux d'approche pour que les cheminements à la sape volante aient été impossibles autrement que par intervalles. Il semble qu'actuellement des tirailleurs armés de carabines à tige, embusqués derrière les créneaux de sacs à terre disposés sur la crête du glacis, agiront assez efficacement sur les travaux éloignés de 4 à 500 mètres pour forcer l'assiégé à ne plus guère s'avancer qu'à la sape pleine.

Pendant la nuit, il conviendra de destiner trois tirailleurs pour chaque créneau, mais un seul suffira durant le jour, parce qu'il n'aura pas à faire un feu continuel et qu'il se bornera à ajuster les hommes qui se découvriront dans les tranchées. La nuit, au contraire, le feu doit être incessant et, pour qu'il puisse en être ainsi, un même tirailleur ne peut guère être maintenu en action plus d'une demi-heure.

A cette période du siége, les petites sorties peuvent avoir à jouer un rôle important qu'il est nécessaire d'examiner.

Les sorties sur les têtes de tranchée qui ont en arrière une parallèle rapprochée courront toujours le risque d'échouer sous les feux partis de cette parallèle et les mouvements offensifs des gardes de tranchée. Mais quand la tête de tranchée est moins éloignée du chemin couvert que de la parallèle, on conçoit qu'il soit alors possible de joindre les travailleurs et de les disperser, avant d'être aux prises avec leurs soutiens abrités dans la parallèle. Aussi la crainte des sorties fait-elle construire à l'assiégeant des demi-places d'armes sur les flancs de ses cheminements, lorsqu'ils sont arrivés à mi-distance de la deuxième parallèle et du chemin couvert, ainsi qu'une troisième parallèle, quand ses travaux d'approche sont aussi voisins des demi-places d'armes que des chemins couverts.

Si donc l'ennemi s'avance avec circonspection vers la place, il sera sage de s'abstenir de petites sorties, qui ne manqueraient pas d'être repoussées et auraient peut-être l'inconvénient de jeter le découragement dans la garnison. Il en sera tout autrement quand l'assiégeant négligera d'appuyer ses têtes de cheminements. Alors, de petites sorties nocturnes, d'une trentaine d'hommes du bataillon d'élite, partant des places d'armes saillantes du chemin couvert, pourront très-bien retarder les travaux de l'assiégeant. Mais, même dans ce dernier cas, ce serait folie de vouloir opérer des sorties de jour, à moins que l'attaquant ne commette des fautes essentielles, ou que l'on puisse l'aborder en lui dérobant en partie les mouvements qui mènent sur lui.

L'assiégé, resserré par la deuxième parallèle, est

contraint de se renfermer pendant le jour, dans les chemins couverts, et les postes d'élite qu'il avait maintenus jusqu'alors dans les flèches sont forcés de rentrer dans la place, car les batteries de la deuxième parallèle, de même que le rapprochement des cheminements de l'assiégeant, ne leur laisseraient jouir d'aucune sécurité. Des soldats vifs, intelligents et bons tireurs pourront cependant occuper quelques postes extérieurs, d'où ils ajusteront les travailleurs et inquiéteront les canonniers qui se découvriront, notamment quand les attaques seront mal conduites ou peu vigoureuses.

A cette époque du siége, les tirailleurs répartis dans les chemins couverts des fronts attaqués dispensent d'y maintenir les gardes qui les occupaient jusqu'alors. On se borne à y laisser seulement de petits postes de six hommes dans les réduits des places d'armes rentrantes, pour garder les poternes et les communications avec le chemin couvert.

Nous avons dit que lorsque les tirailleurs du chemin couvert pouvaient agir efficacement sur les travailleurs de l'assiégeant, il devait suffire pour obliger celui-ci à ne plus avancer qu'à la sape pleine, d'embusquer pendant le jour quelques fusiliers sur les banquettes, derrière les créneaux de sacs à terre. Mais l'incertitude du tir de nuit exige qu'on multiplie le nombre des tirailleurs.

Le général Rogniat, qui a particulièrement étudié cette question, fait remarquer que les feux de l'infanterie seront plus rasants et beaucoup plus efficaces s'ils partent des chemins couverts que venant des demi-lunes ou des bastions qui, étant occupés par de l'artillerie, ne conservent qu'un développement de banquettes insuffisant pour recevoir des tirailleurs. Il en résulte qu'ils ne sauraient fournir que des feux peu nourris et espacés, dirigés d'ailleurs par-dessus la tête des gardes des chemins couverts, au risque de les atteindre.

On comprend, au reste, qu'il n'y ait pas lieu de placer uniformément des tirailleurs sur tout le développement de la ligne de feu qui, pour un front de Cormontaingne, n'a pas moins de 400 mètres. Rarement une place posséderait une garnison assez nombreuse pour qu'elle pût garnir tout le pourtour des chemins couverts des fronts attaqués, dont les feux de plusieurs parties, au surplus, n'agiraient que sur des espaces où n'existerait aucun cheminement de l'assiégeant.

Considérant que les travaux d'approche se dirigent habituellement sur les saillants et ne s'en écartent guère plus de cinquante mètres à droite ou à gauche, afin de ne pas masquer les feux des parallèles ou des demi-places d'armes et d'éviter de donner aux zigzags une étendue qui permît à l'assiégé de les prendre d'écharpe, ou de les ricocher trop facilement, le général admet comme champ de tir normal des tirailleurs un segment de cent mètres, pour chacune des capitales sur lesquelles chemine l'assiégeant. Partant de ce fait que s'il suffit de donner à chaque fusilier 50 à 60 centimètres d'espace pour charger et tirer son arme librement en bataille, il est cependant nécessaire de plus les distancer, derrière des palissades, le général exprime l'opinion que lorsqu'on devra tirer à peu près perpendiculairement à la ligne de feu, on ne

10.

saurait laisser subsister entre les tirailleurs moins d'un mètre d'intervalle et que même il y aura lieu de dépasser cette limite, quand le tir sera très-oblique, afin de conserver sensiblement un mètre perpendiculairement entre deux lignes de tir consécutives. D'ailleurs, il n'est guère possible que la direction de la ligne de tir forme avec la crête du parapet un angle au-dessous de 45 degrés, sans nuire à l'efficacité des feux.

Les conclusions de M. le général Rogniat sont que le chemin couvert d'un front du système Cormontaingne peut recevoir 130 tirailleurs, pour agir sur la capitale de la demi-lune, en les répartissant de la manière suivante :

1° Au pan coupé de la place d'armes saillante, qui a six mètres de longueur et dont le tir est direct.	6 hes
2° Sur les 2 faces de la place d'armes saillante, qui ont chacune 16 mètres de ligne de feu, mais d'où le tir est assez oblique pour qu'on ne puisse y placer que 10 tirailleurs sur chaque face	20
3° Aux crochets des 1re et 3e traverses, d'où le tir peut être à peu près direct. . . .	16
4° Aux crochets des 3e et 4e traverses, d'où le tir doit être un peu oblique, pour ne pas trop s'écarter de la capitale, 3 hommes à chaque crochet.	12
5° Sur une face de chacune des places d'armes rentrantes, d'où le tir est sensiblement direct, 38 hommes pour chacune. . . .	76
Total.	130 hes

Il y a lieu de remarquer qu'à l'égard des autres parties du chemin couvert de ce front et des fronts collatéraux, la grande ouverture de l'angle formé par la capitale de la demi-lune et par les branches même parallèles aux faces de cet ouvrage, ne permet guère de placer des tirailleurs sur ces branches, en arrière de la place d'armes saillante, de manière à agir utilement sur la capitale. Ensuite, le chemin couvert du bastion n'y produirait que des feux incertains, attendu qu'il se trouve retiré d'environ 240 mètres en arrière du saillant du chemin couvert de la demi-lune, et enfin les feux qu'on pourrait exécuter du chemin couvert des fronts collatéraux seraient trop éloignés pour qu'ils fussent efficaces, lors même que ces fronts feraient partie de polygones très-ouverts.

En ce qui concerne l'action de la mousqueterie sur la capitale d'un bastion compris entre deux demi-lunes du même système, elle pourra dépendre de la répartition de tirailleurs suivante :

1° Au pan coupé de 6 mètres, pratiqué au saillant.	6 hes
2° Aux deux faces de la place d'armes saillante, qui ont chacune 20 mètres, mais dont l'obliquité de tir ne se prête qu'à l'emploi de 15 tirailleurs pour chacune.	30
3° Aux faces adjacentes des places d'armes rentrantes, ayant chacune 38 mètres et qui ne peuvent, pendant assez longtemps, recevoir qu'une trentaine de tirailleurs, à cause de l'obliquité du tir.	60
A reporter. . . .	96 hes

Report.	96 h^es^
4° Aux branches du chemin couvert des demi-lunes qui comprennent le bastion, branches d'où le tir sur la capitale du bastion s'écarte fort peu de la direction perpendiculaire à la ligne de feu, savoir : aux premiers intervalles des traverses.	50
aux deuxièmes id. id.	40
aux troisièmes id. id.	34
En tout.	220 h^es^

D'après ces données, dans le cas où l'assiégeant s'avancerait sur trois capitales, celle d'un bastion et les deux des demi-lunes, les chemins couverts des deux fronts d'attaque peuvent recevoir 480 tirailleurs, susceptibles d'agir contre les cheminements, dont 130 contre la capitale de chaque demi-lune et 220 contre celle du bastion.

On conçoit, au surplus, que le nombre des tirailleurs variera suivant le tracé des fortifications, le développement du chemin couvert et l'obliquité de ses diverses parties par rapport aux capitales à battre.

La direction du tir et l'angle de projection étant les éléments essentiels des bons feux, il serait bon de les rectifier pour chaque homme, sans aucun doute, d'autant que le soldat obéit naturellement à un instinct qui le porte à tirer droit devant lui ; mais si ingénieux que nous aient paru être les procédés proposés à ce sujet par l'officier général précité, il nous a semblé qu'ils laisseraient trop à désirer dans la pratique pour que nous pensions devoir les relater ici.

Passons donc immédiatement à l'exposition de sa théorie pour l'exécution de ces feux.

Il est démontré par l'expérience qu'un même homme ne peut continuer sans fatigue de tirer longtemps s'il ne se repose, et qu'après un certain nombre de coups, son arme a besoin d'être nettoyée.

Bien des systèmes ont été proposés pour l'exécution des feux de tirailleurs placés dans des ouvrages assiégés. Cormontaingne, entre autres, a donné des règles à suivre à cet égard, et le général Rogniat, qui les discute, pense que la théorie de l'illustre ingénieur a l'inconvénient de trop multiplier le nombre des tirailleurs, si l'on veut éviter de les espacer beaucoup entre eux, ce qui est fort désirable.

Le général repousse aussi, comme vicieuse, la pratique consistant à faire tirer les hommes avec d'autres armes que la leur et sans qu'ils les aient chargées eux-mêmes.

Voici, au reste, les procédés qu'il propose :

Chaque homme ne tire qu'avec son fusil ; lui seul le charge et il fonctionne ainsi sans interruption, pendant une demi-heure seulement, ce qui doit lui permettre, s'il est consciencieux, de tirer environ trente fois. Sa giberne sera donc à peu près vide et son fusil aura besoin d'être nettoyé. Un autre tirailleur le remplacera au créneau, au bout de la période indiquée et, afin que le feu puisse continuer nourri et sans intermittence marquée dans la ligne, les changements d'hommes ne s'effectueront que successivement, de créneau en créneau. Les tirailleurs relevés donnent des soins à leur arme, garnissent leur cartouchière et se reposent ensuite une demi-heure, jusqu'à ce que le troisième homme ait passé au créneau.

Le général Rogniat ajoute que cette méthode a pour lui la sanction de l'expérience et qu'il n'hésite pas à la considérer comme la meilleure de toutes celles qui lui sont connues.

Comme on peut avoir, dans une même nuit, à changer la direction des feux, si l'ennemi modifie celle de ses cheminements, il sera essentiel de s'ingénier pour en suivre les variations.

Calculant les probabilités du tir de l'ancien fusil d'infanterie, d'après des expériences avérées, et tenant compte du temps voulu pour l'exécution des travaux de sape volante, le général démontre, par des chiffres trop longs à relater ici, que cette manière d'avancer vers la place sera tout à fait impraticable sous les feux des tirailleurs des chemins couverts, exécutés à bonne distance. Puis, faisant remarquer qu'aucune garnison normale ne pourrait fournir à la consommation énorme de munitions qu'entraînerait l'emploi d'un aussi grand nombre de tirailleurs que ceux qu'il est possible de répartir dans les ouvrages, il ajoute qu'en en formulant l'énumération détaillée son but a été de rendre plus saisissant le maximum d'effets qu'ils sont susceptibles de produire. Au surplus, il appartient à l'expérience des chefs de déterminer, selon les circonstances, la meilleure application des moyens que nous venons d'exposer.

Il résulte d'expériences rapportées par le général

Fleury, que la vitesse du tir pratiqué de la sorte a été moyennement d'un coup par minute, pour chaque tirailleur placé derrière un créneau. Que dans l'espace de dix minutes, dix tirailleurs, non exercés à cette manœuvre, ont mis 50 balles de fusil de munition (modèle 1822), dans un but de 16 mètres de long et à peu près de la même hauteur qu'une sape volante, ce qui fait 2 balles par gabion. Que les cheminements à la sape volante seraient rendus impraticables sur cette étendue par les feux de la moitié de ces tirailleurs seulement et qu'il suffirait conséquemment de servir un seul créneau pour s'opposer à ce genre de sape, sur une longueur de $3^m,20$.

L'application de cette dernière conséquence démontre que, pour interdire à l'assiégeant les cheminements à la sape volante, sur une longueur de 100 mètres, que l'on peut considérer comme développement maximum d'une marche en zigzags, il faudrait y diriger le feu de 31 créneaux et que 12 suffiraient pour empêcher une tête de sape pleine de se convertir momentanément en sape volante.

Mais les expériences dont il s'agit ont été faites sur un but distant de 40 mètres seulement, et l'on sait que l'assiégeant n'arrive que fort tard à cette proximité du chemin couvert. Lors donc qu'on devra agir sur des sapes plus éloignées, il faudra compenser les incertitudes du tir en augmentant le nombre des tirailleurs. Ensuite, dans les expériences, les hommes n'éprouvent aucune émotion nuisible à la rectitude du tir ; nombre de balles peuvent d'ailleurs frapper la partie inférieure des gabions, sans atteindre les travailleurs qu'ils couvrent. Ces diverses considérations font penser au général Rogniat qu'avec l'ancien fusil d'infanterie, il convenait de porter de 31 à 66, par capitale, le nombre de créneaux à servir pour empêcher les travaux à la sape volante. Ce petit nombre de créneaux ne devant pas occuper tout le développement des lignes de feu du chemin couvert, on les répartira, chaque nuit, sur les points les plus rapprochés des travaux de l'assiégeant, autant que le permettra l'inclinaison respective des lignes de feu et des capitales à battre. Le tracé des chemins couverts guidera dans cette répartition, mais on devra éviter de réunir trop de monde sur un même point, pour amoindrir les dangers du ricochet de l'ennemi, et aussi de disséminer à de grandes distances les tirailleurs, dont la surveillance doit être facile et incessante. Autrement, d'ailleurs, leurs feux ne seraient point assez serrés.

C'est peut-être l'occasion de faire remarquer combien les armes de précision augmenteront l'importance des feux de l'infanterie dans la guerre de siége, ce qui a été parfaitement démontré, au surplus, à Rome, à Silistrie et à Sébastopol.

Le général examine aussi le cas où l'assiégeant conduira plusieurs attaques latérales, pour diviser la défense du chemin couvert. Ses conclusions sont que néanmoins, à partir de la troisième parallèle, les sapes devront forcément être dirigées sur les capitales, et qu'en raison de la justesse du tir à cette distance, une garnison ordinaire pourra toujours fournir un nombre suffisant de tirailleurs. Au reste, les procédés que nous venons d'indiquer neutraliseront toujours toute tentative de cheminement à la sape volante.

Les petites sorties dont il a été question précédemment, pour contrarier les approches de l'ennemi et le contraindre à les appuyer convenablement, ne doivent pas être entravées par l'action des tirailleurs des chemins couverts. L'un et l'autre moyen peuvent parfaitement fonctionner à la fois. Ces sorties, d'une trentaine d'hommes au plus, partant des tambours des places d'armes saillantes les plus rapprochées des têtes de sape, auront certainement assez de cinq à six minutes pour accomplir leur mission et rentrer immédiatement dans le chemin couvert, dont les feux n'auront donc été interrompus que fort peu de temps.

Nul doute que de petites sorties bien combinées et souvent réitérées la nuit n'entravent singulièrement les cheminements en avant de la deuxième parallèle, si elles sont bien conduites et composées d'hommes résolus. Il sera bon de ne les effectuer que sur un seul point à la fois, de peur que l'ennemi ne saisît, dans le procédé contraire, un indice certain de l'interruption des feux du chemin couvert, ce qui non-seulement le ferait mieux tenir sur ses gardes pour repousser l'agression, mais encore lui permettrait de travailler par intervalle à la sape volante. On ne saurait disconvenir toutefois que, pour opérer convenablement de cette manière, il ne faille se conduire avec beaucoup d'ordre et de prudence, et les sorties ne seront d'ailleurs praticables que si les têtes de sape sont plus rapprochées du chemin couvert que des demi-places d'armes qui les soutiennent en arrière. Il va sans dire que les places d'armes saillantes d'où partiront les sorties ne cesseront leur feu qu'à l'instant où elles déboucheront, pour le reprendre aussitôt leur rentrée.

Nous avons déjà dit que les petites sorties faites pendant le jour étaient fort dangereuses. L'assiégeant, en effet, les aperçoit dès qu'elles franchissent les barrières du chemin couvert et elles reçoivent immédiatement les feux des tirailleurs qui défendent les demi-places d'armes. L'ennemi, qui n'a point à redouter les feux des ouvrages, pendant le retour précipité des sorties, ne manque pas, au reste, de profiter de cette circonstance pour placer rapidement quelques gabions et les remplir avec des sacs à terre. Cependant, lorsque l'attaquant a beaucoup éloigné la tête de ses sapes des demi-places d'armes, ou s'il n'y maintient que de faibles postes, les sorties de jour ont pour effet de le contraindre à les renforcer, ce qui augmente ses fatigues et ses dangers.

Lorsque l'ennemi jette des tirailleurs isolés fort en avant des demi-places d'armes, d'où, abrités dans des trous, ils ajustent les canonniers qui paraissent aux embrasures, il n'y a d'autre moyen de les en chasser que de les faire charger à la baïonnette par quelques hommes déterminés. Comme, d'ailleurs, on peut avoir, pendant le jour, à exécuter, pour toute autre cause impérieuse et imprévue, quelque coup de main en dehors des chemins couverts, il est bon de conserver à leurs saillants les postes qui les auront occupés durant la nuit. On les tiendra dans les tambours des places d'armes, où ils seront prêts à l'action, sans courir de grands dangers.

On ne maintient qu'un tiers des tirailleurs de nuit, dans le chemin couvert, pendant le jour. Ayant peu à tirer, puisque leur tâche se borne à ajuster les hommes qui se découvrent dans les tranchées, rien ne s'opposera à ce qu'on les y emploie d'un soleil à l'autre. L'artillerie des remparts, qui les verra parfaitement, ne leur fera subir aucun risque et ils ne gêneront pas son action, puisque les pièces d'un ouvrage n'ont guère l'occasion de tirer que sur les cheminements collatéraux.

Les hommes de garde dans les bastions et les demi-lunes seront embusqués en tirailleurs pendant le jour. Postés sur les banquettes, espacés entre les pièces, ils auront des commandements que ne possèdent point les tirailleurs des chemins couverts et pourront conséquemment mieux atteindre l'ennemi dans ses tranchées, quand il y sera mal défilé.

Si l'on considère que de bons sapeurs ne font tout au plus que 4 mètres de sape pleine par heure de travail, c'est-à-dire environ 32 mètres pendant les huit heures de nuit qu'on peut admettre moyennement pour nos climats, il est facile de comprendre combien une défense conduite d'après les principes qui viennent d'être exposés devra retarder les travaux de l'assiégeant.

Dans cette période du siége, l'objet principal de l'artillerie est d'empêcher les progrès des sapes pleines, pendant le jour, et de les canonner pour les forcer de s'arrêter. Cela exige qu'on tire environ douze coups par heure, par tête de sape, tant qu'on lutte contre les batteries de l'assiégeant. Il faut tirer le moins possible avec les mêmes pièces, pour obliger l'ennemi à disséminer ses feux et mieux conserver les canons nécessaires pour interrompre les têtes de sape.

C'est en projetant des bombes sur les batteries assiégeantes, qu'on parvient à les inquiéter le plus facilement. On tire peu le canon pendant la nuit, dont on profite pour réparer les plates-formes, les embrasures, les merlons, changer les affûts et approvisionner les pièces. Ce sont les tirailleurs des chemins couverts qui obligent plus particulièrement alors l'assiégeant à ne s'avancer qu'à la sape pleine.

Dès qu'il arrive à portée des pierriers, on en établit derrière les places d'armes des saillants, et le géral Rogniat recommande de les charger à grenades ou à grosses balles en fer, afin d'éviter d'incommoder les tirailleurs des places d'armes saillantes, car les pierres écartent beaucoup tout près des pièces.

L'artillerie de la place ne pouvant tirer par-dessus la tête des défenseurs des chemins couverts, sans les compromettre ou les inquiéter, le tir de nuit étant d'ailleurs fort incertain, il est de règle de ne le pratiquer qu'où il n'existe pas de tirailleurs, pour mitrailler les têtes de sape, sur lesquelles on jette, au surplus, nuit et jour, autant d'obus que le permettent les approvisionnements et l'état des pièces. Ces projectiles, en éclatant, dégradent les parapets des tranchées ; mais ce tir interrompra nécessairement quelques moments le feu des tirailleurs, dans les places d'armes saillantes. Toutefois, l'ensemble de la défense du chemin couvert n'en sera affecté que de sorte, puisque les tirailleurs ne suspendront leur action que momentanément.

L'armement complet d'une pièce continue d'en servir deux.

Lorsque l'assiégeant s'aperçoit que ses têtes de sape ne sont plus suffisamment protégées par ses demi-places d'armes, il est forcé de construire une troisième parallèle, pour relier tous ses cheminements et protéger ses approches ultérieures. L'exécution de ces travaux a lieu presque toujours sous la bonne portée de la mousqueterie placée dans les chemins couverts des fronts d'attaque. Il en résulte que, pendant le jour, l'ennemi ne peut s'approcher qu'à la sape pleine et sans négliger aucune des précautions qu'exige cette manière de cheminer. Souvent, d'ailleurs, l'artillerie de la place culbute ses gabions, au moment où il les dresse, et à cette distance le tir de nuit, éclairé par des balles à feu, oppose également des obstacles invincibles à l'exécution de parties de sape volante, s'il est pratiqué avec intelligence et d'après les principes indiqués précédemment.

L'assiégeant ne progresse plus alors qu'en s'écartant des capitales ; ses têtes de sape, qui marchent deux à deux, l'une vers l'autre, excepté les deux extrêmes, sont portées le plus souvent de trois à six.

Il devient donc nécessaire d'adopter pour les feux de nouvelles dispositions.

D'après les expériences citées de M. le général Fleury, il suffirait, à cette distance, du tir de 12 fusiliers pour empêcher la pose de quelques gabions à la sape volante. Mais le général Rogniat estime qu'il conviendra de doubler le nombre de ces tirailleurs, afin de compenser le défaut de justesse du tir, sur un but placé à plus de 40 mètres, et de lui assurer une vivacité convenable. D'après cela, il faudrait donc 24 fusiliers par tête de sape, c'est-à-dire 144 pour les 6 sapès. Cependant, lorsque les deux têtes de sape seront sur le point de se rejoindre, les mêmes tirailleurs, agissant sur le terrain commun qu'elles doivent parcourir, interdisent à l'une et à l'autre à la fois la faculté de se convertir momentanément en sape volante. Il deviendra donc possible de réduire le nombre des créneaux, qui était de 180 dans la période précédente du siége, pour peu que l'effectif de la garnison y engage.

Les petites sorties sont peu capables de contrarier la construction de la troisième parallèle, car, à mesure que les têtes de sape gagnent du terrain à droite et à gauche des capitales, l'assiégeant se hâte de perfectionner la parallèle immédiatement à la suite de chacune d'elles, pour y placer des gardes dont les feux croisés leur assurent une protection efficace, en même temps qu'il en dirige aussi sur les barrières du chemin couvert. Aussitôt que ces sorties apparaissent, elles sont donc accueillies par une grêle de balles et ramenées à la baïonnette par les gardes de tranchée, qui franchissent le parapet en nombre supérieur à celui des petites sorties, et les sapeurs attentifs profitent de l'interruption momentané des feux de la défense pour placer rapidement quelques gabions, les remplir à la sape volante et fermer la parallèle.

Lorsque, d'un autre côté, on examine ce qu'on peut se promettre d'une grande sortie contre la troisième parallèle, on se convainc qu'elle ne saurait guère produire que des résultats à peu près négatifs.

En effet, si l'on suppose qu'un bataillon sorte en entier d'une place d'armes rentrante, point le plus favorable à sa réunion, il faudra qu'il se déploie ou se forme en colonne d'attaque sur le glacis. Or, il n'est pas probable qu'il y parvienne sans que l'ennemi ne l'aperçoive, et l'on doit s'attendre à ce que tous les feux des gardes de la parallèle soient immédiatement dirigés sur la sortie, de sorte qu'il est fort à présumer qu'elle aura éprouvé des pertes sensibles, avant d'avoir atteint l'intervalle qui sépare les deux têtes de sape. Admettons qu'arrivé là, le bataillon se subdivise à droite et à gauche, pour prendre la parallèle d'enfilade et à revers ; que ses fractions réussissent à la faire abandonner et que les travailleurs qui les suivent accomplissent leur tâche ; tout cela ne se sera point exécuté sans que les gardes repoussées n'aient eu le temps de se rallier dans les boyaux en arrière. Les batteries de la deuxième parallèle mitrailleront la sortie et favoriseront un vigoureux retour offensif de l'assiégeant, auquel devra céder l'assiégé, qui n'aura qu'à regagner en toute hâte le chemin couvert, après avoir probablement payé du sang de ses plus braves soldats le mince avantage d'avoir fait abandonner quelques moments la parallèle, dont les amorces, embarrassées par les gabions renversées et les têtes de sape désorganisées, seront rétablies en peu d'instants, car le parapet en terre n'aura certainement pas dû être renversé. En résumé, quelques misérables outils et de cruelles pertes, tels sont les résultats probables d'une pareille sortie.

Si, au lieu de lancer un bataillon réuni, on le subdivise, cette formation s'effectuera sans doute plus promptement et le tiendra moins longtemps exposé aux feux des portions achevées de la parallèle. Mais alors ces subdivisions risqueront de se fusiller entre elles.

En définitive, le général Rogniat, à qui nous empruntons cette argumentation, pense qu'à cette époque du siége, on fera bien de s'abstenir de grandes sorties, le plus ordinairement. Si, ajoute-t-il, la faiblesse ou la témérité de l'ennemi peuvent parfois conseiller le contraire, ce ne doit jamais être qu'après s'être convaincu que de petites sorties sont incapables de mener au but. Il n'en est plus ici comme de l'époque où l'on dirigeait une grande sortie contre la deuxième parallèle, lors de la construction des batteries de l'assiégeant. Alors, les colonnes d'attaque pouvaient se former à la queue des glacis, sans être découvertes par les gardes éloignées de la deuxième parallèle, et arriver sur l'ennemi sans avoir été décimées par ses feux. La retraite s'opérait sous la protection de l'artillerie des ouvrages et il s'agissait d'obtenir des résultats qui motivaient les risques auxquels on s'exposait.

L'assiégeant éprouve en avant de la troisième parallèle les mêmes obstacles que dans sa marche précédente. Ses batteries étant en partie masquées par la troisième parallèle, il en résulte un ralentissement marqué dans leurs feux, ce dont l'assiégé profite pour établir des pièces dans le prolongement des fossés des demi-lunes, pour battre l'attaque de leur chemin couvert.

Les embrasures sont alors garnies de portières et on couvre par des blindages quelques pièces vers le saillant du bastion, avec des embrasures obliques qui permettent de battre les saillants voisins, tout en couvrant la bouche des pièces contre les feux des batteries de l'attaque.

L'artillerie continue d'agir sur les sapes doubles comme elle l'a fait sur les sapes pleines. Quand elle est bien dirigée, l'ennemi ne peut progresser que fort lentement,pendant le jour, et ses cheminements sont très-retardés, à partir de la troisième parallèle.

La défense des chemins couverts doit être complétement organisée et les tambours, réduits ou blockhaus, achevés, s'ils ne le sont déjà.

De jour, le canon des ouvrages interrompt les têtes de sape, et des tirailleurs embusqués ajustent tout homme qui se découvre. On balaie, pendant la nuit, par le feu incessant des tirailleurs des chemins couverts, le terrain que doivent parcourir les sapes. La distance à laquelle s'exécutent ces feux les rend très-efficaces pour opposer un obstacle insurmontable à toute tentative de sape volante. Remarquons, en outre, que si l'ouverture des fronts d'attaque force l'assiégeant à replier assez les zigzags les uns sur les autres pour qu'il doive trouver plus avantageux de s'avancer à la sape debout, cette manière de cheminer permettra, par sa lenteur, de resserrer dans des limites plus étroites le champ de tir dirigé sur une tête de sape et d'y augmenter conséquemment l'intensité des feux, ou d'agir contre des cheminements plus multipliés, sans qu'on soit contraint pour cela d'augmenter le nombre des tirailleurs.

De petites sorties, d'abord très-rares, en raison de leur peu de chances de succès, s'effectueront plus fréquemment, à mesure que les têtes de sape s'écarteront de la parallèle, parce qu'alors elles auront moins longtemps à souffrir des feux de l'assiégeant et qu'elles courront moins le risque d'être abordées à l'arme blanche par les gardes de tranchée, franchissant leurs parapets.

Une guerre nouvelle peut commencer à cette époque du siége. Soit que les fronts d'attaque aient des contre-mines permanentes, soit que la nature du terrain ait permis à la garnison de pratiquer pendant le siége, sous les saillants menacés, quelques galeries et rameaux, l'assiégé pourra faire jouer des fourneaux à peu de distance de la troisième parallèle, bouleverser les travaux de l'assiégeant et le forcer à employer la mine.

Les feux de l'artillerie et de la mousqueterie feront gagner au mineur assiégé, ou contre-mineur, un temps précieux pour exécuter ses opérations. Lorsqu'un fourneau aura joué, soit du côté du mineur, soit de celui du contre-mineur, celui-ci n'éprouvera aucun obstacle de la part de l'assiégeant, pour reprendre immédiatement son travail, tandis que le mineur attaquant ne pourra creuser son trou, ni même arriver à l'endroit favorable qu'après s'être préalablement logé dans l'entonnoir. C'est sur cet entonnoir que doivent converger des feux d'artillerie et de mousqueterie nourris, pendant toute la nuit ; et, s'il est plus rapproché du chemin couvert que de la parallèle, des sorties vigoureuses essaieront d'en chasser le mineur ou de l'étouffer dans ses travaux commencés, en y projetant des grenades, des boîtes de poudre, des obus ou des bombes.

Quand l'assiégeant couronne le chemin couvert, de vive force, on accable de mitraille ses travailleurs, jusqu'à ce qu'ils soient couverts par des gabions.

S'il le couronne pied à pied, l'artillerie multiplie ses feux sur les têtes de sape. C'est le moment pour elle de redoubler d'activité, d'autant que les batteries de l'assiégeant sont alors presque entièrement masquées : elle tire donc sans relâche, jour et nuit, en s'éclairant avec des balles ou des pots à feu.

Les saillants ne conservent plus qu'une ou deux pièces, mais on en garnit le plus possible les flancs opposés à l'attaque, sur les faces des bastions.

Quant aux obusiers et aux pierriers établis aux saillants des chemins couverts, on les rentre aussitôt que l'ennemi est en mesure d'inquiéter ces derniers et ils auront dû jusqu'alors fonctionner avec précaution, concurremment avec des mortiers à la Cohorn, également placés dans le chemin couvert. Lorsque les pierriers lancent des grenades et des pierres, ce ne doit être qu'après avoir préalablement suspendu le feu des tirailleurs, afin de ne point les exposer à être blessés par ces projectiles, qui écartent beaucoup.

Quand les cavaliers de tranchée sont établis, les défenseurs du chemin couvert se retirent successivement derrière les traverses, en allant vers les rentrants, et dès qu'on a reconnu que l'ennemi veut tenter une attaque de vive force, on dégarnit le chemin couvert, en y laissant une garde, qui se retire après avoir déchargé ses armes, et, au moment où il débouche de la parallèle, les ouvrages revêtus font sur lui un feu de mitraille et de mousqueterie aussi serré que possible, après lequel, si l'assiégeant paraît ébranlé, on opère une sortie vigoureuse, pour essayer de le chasser du logement qu'il aura commencé.

Lorsque les saillants du chemin couvert sont couronnés, ses défenseurs n'y continuent pas moins la lutte et multiplient les attaques sur les parties couronnées, où ils jettent des grenades.

Les places d'armes rentrantes étant habituellement couronnées en même temps que les saillants, le chemin couvert du bastion ne peut tenir aussi longtemps que celui des demi-lunes. Sa défense est surtout l'affaire de l'artillerie des flancs des courtines.

Tels sont les principes généraux admis pour la défense des chemins couverts. Nous les compléterons par l'énoncé succinct de la théorie émise sur le même sujet par le général Rogniat, dont nous avons rapporté la méthode défensive, particulièrement en ce qui concerne l'emploi des petites armes.

Dans une attaque de vive-force du chemin couvert, l'assiégeant porte des détachements sur le saillant de la place d'armes, d'où ils enfilent les branches du chemin couvert, pour en chasser les défenseurs. Cela permet à ses travailleurs de se déployer à leur suite sur la crête du glacis et d'y faire un couronnement à la sape volante. Les défenseurs du chemin couvert ayant contre eux le désavantage du nombre et de la position ne peuvent chercher à y résister avec quelque apparence de succès. Non-seulement ils sont pris à dos et de revers par le feu de l'assiégeant, mais, en tenant ferme, ils gêneraient l'action de l'artillerie et de la mousqueterie de la place, d'autant plus efficace alors, que l'assiégeant est forcé de faire taire ses batteries, pour ne point tirer sur ses propres troupes.

Les défenseurs du chemin couvert doivent opérer leur retraite avant l'arrivée de l'ennemi sur la crête du glacis, car aussitôt qu'il serait posté vis-à-vis des défilés des traverses, il obstruerait ces étroits passages, par quelques gabions, et découvrirait en même temps les pas de souris placés aux arrondissements des contrescarpes, ce qui ne permettrait plus aux défenseurs d'effectuer leur retraite. Leur meilleure tactique sera donc d'envoyer une décharge aux assaillants, à l'instant où ils franchiront la parallèle, puis d'évacuer immédiatement la place d'armes saillante et les deux branches du chemin couvert, soit en défilant par les passages des traverses, soit en descendant de suite dans le fossé, par les escaliers, les rampes, ou le talus de la contrescarpe, lorsqu'elle n'est pas revêtue.

Quant aux places d'armes rentrantes, comme l'assiégeant ne pourrait s'étendre jusqu'à elles sans développer pour cela beaucoup de troupes et s'exposer ainsi à éprouver de grandes pertes, surtout lorsque l'attaque est dirigée contre le chemin couvert d'une demi-lune à grande saillie, les défenseurs pourront presque toujours y rester. Dans tous les cas, il sera essentiel de ne point en abandonner les réduits, à cause des facilités qu'ils offriront pour rentrer en possession du chemin couvert.

Les tirailleurs ont pour lieu de refuge les places d'armes rentrantes et les demi-lunes. Dans les premières, ils prennent poste le long des faces perpendiculaires aux branches attaquées, d'où ils tirent vivement sur les travailleurs de l'ennemi. Dans les demi-lunes, ils se réunissent aux gardes de ces ouvrages, montent sur les banquettes ménagées entre les plates-formes de l'artillerie et font un feu serré et continu sur le couronnement. S'il s'agit d'une demi-lune à grande saillie, nous avons vu qu'elle ne pourra recevoir sur chaque face que 14 hommes, au plus; mais comme une des faces est généralement opposée aux attaques et que le couronnement s'étend fort peu le long de son chemin couvert, on pourra sans doute y placer quelques tirailleurs, très-rapprochés du saillant, pour agir contre l'ennemi et ses travailleurs. L'ouvrage entier ne recevra donc en tout qu'une vingtaine de tirailleurs, que l'on triplera pour donner à leurs feux la plus grande vivacité possible, en les faisant relever tous les quarts d'heure. L'ouvrage et son réduit devant avoir une garde normale de 20 ou 30 hommes, il suffira donc, pour en bien organiser la défense, d'y ajouter 30 ou 40 fusiliers complémentaires.

Si le chemin couvert du bastion est insulté en même temps que celui des demi-lunes, la garde du corps de place devra garnir aussitôt les banquettes ménagées entre les plates-formes, sur les deux faces du bastion, et tirailler activement contre le couronnement. En général, il faut garnir de mousqueterie tous les ouvrages dont le chemin couvert est insulté.

Les postes des places d'armes saillantes, destinés

aux petites sorties, rentreront dans les places d'armes rentrantes, y rallieront autour d'eux les tirailleurs sans emploi et se prépareront à exécuter une sortie vigoureuse, pour forcer l'ennemi à se retirer. Dans ce moment critique, le gouverneur accourt à la tête du bataillon d'élite, renforce de tirailleurs les ouvrages qui n'en auraient pas assez, adjoint aux postes quelques compagnies pour rendre plus fortes les sorties qui s'organisent dans les places d'armes rentrantes et attend l'instant favorable pour porter le dernier coup à l'assiégeant.

Le général fait remarquer ensuite que 12 pièces de canon en état de tirer sur un saillant peuvent y lancer 6720 balles dans le premier quart d'heure ; si l'on y ajoute le feu des tirailleurs des ouvrages et des places d'armes rentrantes, l'action combinée de l'artillerie et de la mousqueterie sera tellement meurtrière pour l'assaillant, qu'après la lui avoir fait essuyer pendant un certain temps, il devra être facile de le repousser à la baïonnette. Lorsque pourtant il parviendra à se maintenir quelque part, on y dirigera d'abord un feu bien nourri, pendant une couple d'heures, puis il n'y aura pas à hésiter à lancer ensuite sur lui une sortie partant des places d'armes rentrantes. Ses divers détachements parcourront vivement les glacis, pour aller plonger et enfiler les deux branches du couronnement, y prendre l'ennemi à dos et de revers, pendant que des travailleurs à leur suite renverseront les gabions et combleront les logements amorcés.

C'est en employant les procédés défensifs que nous venons d'indiquer qu'on arrive à contraindre l'ennemi à n'exécuter que pied à pied l'attaque du chemin couvert.

Le général indique, au surplus, un moyen fort simple de rendre impossible, selon lui, le couronnement de vive force du chemin couvert. Il consiste à remblayer la surface du glacis avec des pierres, sur une longueur de 40 à 50 mètres, de chaque côté de la capitale et sur une largeur de 6 à 8 mètres, parallèlement et à quelques mètres de la crête du chemin couvert. La force de la garnison, ajoute-t-il, permettra souvent de former ce remblai sur les saillants menacés, dans l'intervalle compris entre l'ouverture de la tranchée et la construction des batteries assiégeantes.

Dès que les sapes arriveront à portée du jet des grenades, les défenseurs de la place d'armes saillante en inonderont les travailleurs, pour forcer à l'établissement des cavaliers de tranchée, seul moyen qu'ait l'assiégeant de s'abriter contre le jet vertical de ces projectiles, de plonger dans la place d'armes, de voir ses deux branches d'enfilade et de revers, de découvrir les passages des traverses et l'escalier placé à l'arrondissement de la contrescarpe.

L'assaillant établit aussi des batteries de pierriers contre les défenseurs de la place d'armes saillante, mais il n'en subsistera pas moins au saillant de la place d'armes un petit espace où l'assiégé pourra tenir quelques hommes défilés des cavaliers de tranchée, par la crête des glacis. Cet espace ne sera pas exposé aux projectiles des pierriers, parce que son voisinage des têtes de sape obligera l'ennemi à diriger son tir sur des points plus éloignés, pour éviter d'atteindre ses propres sapeurs. La communication avec cet espace est sans doute dangereuse, mais elle sera cependant praticable pendant la nuit et même possible durant le jour, si les hommes ont la précaution de se courber à l'arrondissement de la contrescarpe, dans les défilés des traverses, pour se dérober aux feux des cavaliers de tranchée. On tâchera d'y loger une quinzaine d'hommes, qui se relèveront de manière à ce que cinq jettent constamment des grenades.

Les tirailleurs qui sont forcés d'abandonner la place d'armes saillante se réunissent à ceux des places d'armes rentrantes. Quant à ceux des branches en arrière du saillant, dans le cas où ils seraient pris d'enfilade ou de revers sur les banquettes, par les feux des cavaliers de tranchée, on tâchera de les en défiler par des gabions placés sur les traverses, de manière à leur permettre d'agir contre les têtes de sape. Autrement, il faudrait les ramener dans les places d'armes rentrantes et ne maintenir en position que ceux des crochets, vis-à-vis des traverses.

De petites sorties, d'une quinzaine d'hommes, de chaque côté de la capitale, franchissant le chemin couvert d'heure en heure, le plus près possible des têtes de sape, auront vraisemblablement du succès pendant la nuit, car ces sapes ne sont protégées que par les cavaliers de tranchée, ouvrages que nous savons être peu développés et dont le feu serait d'ailleurs préjudiciable à l'ennemi lui-même.

Cormontaingne estime que ces sorties retarderont considérablement la marche des sapes.

Enfin, lorsque le couronnement s'éloigne des travaux destinés à les protéger, l'assiégé doit l'attaquer avec de plus forts détachements, suivis de travailleurs. Partant des places d'armes rentrantes, ils franchiront rapidement l'espace qui les sépare du couronnement, plongeront l'ennemi à dos, de revers et d'enfilade et détruiront ses travaux.

Ces attaques contraindront l'assiégeant à relier les couronnements des saillants par une quatrième parallèle, et lui feront par conséquent perdre du temps.

Il résulte de ce que nous venons de dire que l'assiégeant est exposé dans cette période du siége à tous les feux et au jet des grenades de l'assiégé, précisément alors que les batteries attaquantes sont masquées et réduites à l'impuissance. L'assiégeant doit en outre repousser des sorties multipliées, indépendamment des dangers que lui feront courir parfois les contre-mines. La défense possède donc de puissants moyens pour rendre impossible le couronnement de vive force du chemin couvert. L'attaque pied à pied présente aussi de grandes difficultés, et la conquête des saillants doit toujours coûter beaucoup de sang et de temps. Aussi considère-t-on généralement la prise du chemin couvert comme l'événement le plus considérable et le plus périlleux d'un siége.

Expliquons actuellement la défense du réduit de la place d'armes saillante ; elle mérite d'être examinée à part.

Ce réduit, qui n'existe pas en permanence, est construit en bois, au moment du siége, pour concourir à la défense du chemin couvert. Son action est nulle contre le couronnement de vive force, car ses défenseurs gêneraient les feux des ouvrages placés en arrière, et il en est de même pour ce qui concerne le couronnement pied à pied. Mais si cet ouvrage ne tire aucun avantage de ses feux, il n'en est pas moins utile.

1° Pour abriter contre les feux de l'assiégeant les postes d'élite destinés à exécuter les petites sorties ;

2° Pour couvrir le pas-de-souris de la contrescarpe et, dans le cas d'une attaque de vive force, fournir aux défenseurs de la place d'armes saillante un prompt abri qui leur permette de s'écouler en sûreté dans le fossé ;

3° Pour recevoir les hommes chargés de lancer des grenades, lorsqu'ils sont débusqués du saillant, et leur donner ainsi la faculté de continuer à en incommoder les sapes du couronnement.

Quand l'assiégeant a couronné le saillant du chemin couvert, à peu près jusqu'aux prolongements des escarpes de l'ouvrage, il y poste des tirailleurs qui découvrent souvent les communications du chemin couvert et prennent d'enfilade et de revers, pardessus les traverses, les défenseurs placés sur les banquettes des branches, que l'assiégé se voit le plus ordinairement forcé d'abandonner, pour se retirer, soit dans les places d'armes rentrantes et dans le chemin couvert du bastion, lorsque le rentrant en est fort prononcé, soit sur les banquettes ménagées entre les plates-formes de l'artillerie, dans les ouvrages situés en arrière.

L'abandon des places d'armes dépendra du plus ou moins de commandement qu'exercera l'ennemi sur elles ; les tirailleurs se retireront d'abord dans leur réduit, si elles en ont, ou rentreront dans la place, pour y garnir les faces des bastions.

A mesure que les hommes chargés de lancer des grenades sont contraints d'abandonner le saillant de la place d'armes, puis son tambour, ils se retirent successivement derrière les traverses, dans le terre-plein du chemin couvert, d'où ils continuent à jeter des grenades sur les têtes de sape. La communication avec ce terre-plein se fait au moyen d'une gabionnade, dont on masque en partie les défilés des traverses, afin de se créer une protection contre la mousqueterie de l'ennemi embusqué dans le couronnement du saillant. M. le général Rogniat, qui conseille ces dispositions, pense qu'elles ne compromettront nullement ces défenseurs, qui ne gênent point les feux du corps de place en arrière et n'auront rien à en craindre, si on les exécute d'après les errements indiqués précédemment. Il voudrait que l'on postât une dizaine d'hommes dans chaque branche du chemin couvert couronné, pour inonder de grenades ce couronnement.

Discutant ensuite la valeur d'une double palissade pour la défense du chemin couvert, le général en rejette l'usage, excepté dans les circonstances où les communications difficiles avec la place gênent la retraite des défenseurs du chemin couvert. Bousmard, dit-il, propose de disposer cette double palissade à un mètre, ou 1^m 30 de celle qui règne au pied du talus intérieur ; elle est gênante pour les tirailleurs et multiplie pour eux les chances d'éclats. Une première palissade suffit pour empêcher l'assaillant de venir de loin se jeter sur les tirailleurs et les troupes destinées à opérer les sorties. C'est tout ce qu'il faut pour abriter les défenseurs contre les saillies d'audace de l'assiégeant. Enfin, le général voudrait que lorsque des fossés pleins d'eau, ou toute autre cause gênant les communications du chemin couvert font désirer de rassurer les défenseurs par l'établissement de palissades doubles, on ne les mît en place qu'après la construction de la troisième parallèle, alors que l'assiégeant doit forcément ralentir le feu de ses batteries à ricochet contre le chemin couvert. Agir autrement, serait gêner en pure perte l'action de la défense et multiplier les chances d'éclats pour ceux qui en sont chargés.

L'assiégeant, après avoir couronné les saillants du chemin couvert s'occupe de la construction des batteries de brèche. Il reste couvert par les parapets du couronnement, pendant la durée de ce travail et n'éprouve que peu d'obstacles des feux directs de la défense, dont les feux courbes le contrarient alors le mieux. Il faut donc les multiplier autant que le permet l'état du matériel et de l'approvisionnement de munitions; ce qui ne doit pas d'ailleurs empêcher d'embusquer des tireurs sur les ouvrages, pour ajuster les canonniers ennemis qui se découvrent.

A la même époque, l'assiégé désarme les demi-lunes, pour établir une partie de leur artillerie sur le saillant et sur les flancs des réduits, afin de battre la brèche de la demi-lune et de prendre à revers celle du bastion. On place quelques mortiers sur les tenailles et du canon dans les réduits des places d'armes, pour battre à revers les brèches des demi-lunes. Les réduits des demi-lunes, les retranchements des bastions, les flancs et les courtines qui défendent les brèches ainsi que les passages de fossés sont également armés partout où ces ouvrages sont susceptibles d'agir sur les contre-batteries.

S'il n'existe pas de batteries casematées sur les flancs, on peut encore en établir pendant le siége, soit en galerie de mine, soit avec des blindes. Leur action contre l'attaque des brèches sera d'autant plus efficace que l'ennemi pourra croire n'avoir rien à craindre de ce côté.

Tout en continuant d'interrompre les sapes, autant qu'elle le peut, l'artillerie concentre principalement ses moyens sur les batteries de brèche et les contre-batteries, qu'elle couvre sans relâche de feux courbes, en s'éclairant durant la nuit.

Les ponts sont remplacés par des bateaux qui ne font le service que pendant la nuit, dans les fossés pleins d'eau.

L'artillerie des réduits contrarie les passages des fossés et les travaux sur les brèches, en tirant à boulet, si l'ennemi les exécute pied à pied, et à mitraille, s'il les tente de vive force. Mais, dans cette période, les sorties sont le moyen de défense par excellence. Si dangereuses qu'elles puissent être pour l'assiégé, qui part des places d'armes rentrantes et présente conséquemment le flanc aux feux de l'ennemi, elles ne sont pas moins le seul parti à prendre pour de braves troupes, dont les risques seront d'ailleurs motivés par le but à atteindre. On ne se propose plus alors seulement, en effet, de contrarier quelques cheminements, mais bien d'enclouer les canons, de briser des affûts et de bouleverser les batteries de brèche. Tout doit céder à de telles considérations. C'est le moment du siége où la bravoure des défenseurs est le plus utile et où il convient par conséquent d'y employer l'élite de la garnison.

Outre les sorties principales partant des places d'armes rentrantes, le général Rogniat conseille de faire glisser pendant la nuit quelques hommes déterminés derrière les traverses les plus voisines des batteries. Ils franchissent le chemin couvert, à l'aide de petits escaliers, fondent sur les canonniers et regagnent en toute hâte le chemin couvert. Nul doute qu'on arrive ainsi à intimider l'ennemi et à faire languir ses travaux.

Le jeu des mines destinées à bouleverser les batteries du couronnement sera très-favorable au succès des sorties lorsqu'on saura les faire agir en profitant du désordre inévitable que causera leur explosion.

De quelque manière que s'exécute le passage du fossé, les feux de mousqueterie le contrarieront fort peu. Des sorties seules auront encore quelques chances de détruire le travail de l'assiégeant et de tuer ses mineurs, si elles peuvent arriver jusqu'à l'entrée de la galerie, qui part ordinairement du couronnement du chemin couvert.

Quant aux descentes à ciel ouvert, conduisant l'ennemi dans le terre-plein du chemin couvert et quelquefois jusqu au fond du fossé, lorsque la contrescarpe a fort peu d'élévation, elles ont fort à craindre la mousqueterie de l'ouvrage opposé et de ceux qui le flanquent. On y tiendra donc de bons tireurs, pour forcer l'ennemi à remuer des terres. Le jet des grenades à la main y produira également un excellent effet et on pourra pratiquer de petites tranchées circulaires dans le parapet de l'ouvrage opposé, pour rapprocher des descentes les hommes destinés à lancer ces projectiles.

Lorsque l'assiégeant arrive au fond du fossé, sa position est des plus critiques : il y est seul, sans soutien contre les sorties, exposé aux éclats des grenades, n'ayant d'autre protection que les feux du couronnement. Il faut donc alors l'attaquer par de petites sorties, pour l'empêcher de trop s'étendre dans le fossé. Huit à dix hommes des plus braves du bataillon d'élite, dont on aura dû ménager le sang jusqu'alors, s'élançant à la baïonnette de derrière les demi-caponnières placées aux extrémités des fossés des demi-lunes ou de derrière la tenaille et le flanc, selon que l'assiégeant sera dans le fossé de la demi-lune ou dans celui du bastion, suffiront à cette tâche Ils se précipiteront sur le débouché, jetteront l'ennemi dans sa galerie et l'y poursuivront afin d'essayer de l'obstruer vers le milieu, par quelques sacs de laine. Trois ou quatre sapeurs, munis d'un ou de deux barils de poudre, les feront sauter en se retirant, pour bouleverser la galerie. On réunira jusqu'à trois de ces détachements, derrière la tenaille, ou à l'abri de la demi-caponnière de la demi-lune, afin que si l'un ne réussit pas, un autre lui succède. Ces détachements n'en forment ensuite qu'un seul, lorsque l'assiégeant peut opposer plus de résistance, après avoir exécuté une partie de l'épaulement de son passage du fossé.

L'attaquant observe du haut de ses logements, aux saillants des chemins couverts, l'espace que les sorties ont à franchir pour atteindre ses débouchés, afin de les accueillir par une grêle de balles. Mais son feu est d'autant plus incertain qu'il fait nuit et qu'il est lui-même incommodé par les feux courbes de la place, par ceux directs des ouvrages opposés et souvent aussi par des feux de flancs et de revers. On peut d'ailleurs établir dans les fossés de légères gabionnades pour couvrir les détachements contre la mousqueterie du couronnement, sur une partie de l'espace qu'ils auront à parcourir pour atteindre le débouché.

L'ennemi s'opposera à ces sorties en établissant des logements auprès des descentes, sur le sommet de la contrescarpe, d'où il jettera des grenades dans le fossé et y fera rouler des bombes et des obus. Il pourra également faire des brèches au-dessous de la plongée de l'ouvrage opposé, pour y loger des postes défensifs, mais ces logements deviendront naturellement le but des feux de la place, qui ne tarderont vraisemblablement pas à en démoraliser les défenseurs.

A mesure que l'attaquant augmente ses logements dans le fossé, il les protège par des feux de flanc contre les sorties; mais ses dangers ne s'accroissent pas moins par son rapprochement du corps de place, d'où l'on fait rouler sur lui des projectiles de toute espèce. L'assiégé doit y employer une trentaine d'hommes et les relever de demi-heure en demi-heure, pour procéder avec toute l'activité possible.

En même temps que la descente et le passage du fossé s'exécutent, les batteries de brèche continuent leur office et le moment de crise approche.

A cette époque du siége, tous les fronts du corps de place sont gardés soigneusement, même en dehors des attaques. Il en est de même des portes, poternes, sorties et entrées d'eau, etc., car il faut se mettre à l'abri des surprises et des escalades. On pourra toutefois se dispenser de maintenir les postes d'observation du chemin couvert, qu'il aura d'ailleurs été prudent de conserver jusqu'alors.

L'assiégé doit mettre tous ses soins à bien éclairer le fossé des demi-lunes attaquées, épier sans relâche les débouchés de la descente, et quand l'ennemi s'y montre, le couvrir de mitraille, d'obus et de bombes roulantes. On creuse dans le parapet, près de la brèche, de petits logements pour recevoir quelques hommes qui tirent à bout portant sur les sapeurs de l'assiégeant et lancent des artifices incendiaires dans le fossé. Des fougasses, des chapelets de bombes et des fourneaux de mine sont préparés sous la rampe de la brèche, qui est barricadée sur les côtés.

On s'approche des digues, en bateau, pendant la nuit, pour les détruire, y jeter des grenades et des artifices. L'assiégé lance également des bombes, des obus et des artifices incendiaires contre les blindages et les amas de fascines au moyen desquels l'attaquant cherche à se couvrir. Il multiplie ses retours offensifs contre le passage du fossé et les sapes que l'assiégeant conduit sur la rampe de la brèche, pour la couronner pied à pied, et quand il fait ses préparatifs pour la franchir de vive force, on la couvre de herses et de chausse-trapes. Il faut aussi faire rouler des chevaux de frise à son pied.

Au moment de l'assaut, l'artillerie tire à balles sur les colonnes d'attaque et l'on fait rouler sur elles des bombes à fusée vive et courte. Quelques hommes entretiennent aussi, au sommet de la brèche, un bûcher ardent, allumé dans une tranchée creusée à cet effet. Lorsque l'assaillant parvient cependant à l'escalader, les défenseurs se retirent en arrière, afin de le mieux laisser en prise aux feux nourris des barricades et des ouvrages qui la défendent. Si, nonobstant, il parvient à s'y loger, on le fait sauter au moyen des fougasses et des chapelets de bombes préparés à l'avance.

La défense est la même contre un deuxième assaut; seulement on se sert du fourneau de mine pour faire sauter le logement de l'assiégeant, contre lequel il convient de multiplier des retours offensifs, tant sur le terre-plein que dans le fossé.

La brèche du réduit se défend par des procédés semblables, si l'on a eu le soin d'y construire un tambour en charpente, pour assurer la retraite des défenseurs.

Enfin, tous ces procédés sont employés pour disputer les brèches au corps de place, en y faisant concourir des moyens plus puissants d'artillerie et d'artifices incendiaires. A cet effet, on place des obusiers à couvert, sur les flancs de la brèche, et les pièces des saillants non attaqués peuvent créer au besoin une ressource suprême à cet égard. On ne laisse alors sur les flancs que celles absolument indispensables. Inutile d'ajouter qu'à cette période du siége, il n'est nullement nécessaire de ménager les pièces et les munitions. On leur donne autant d'hommes qu'il en faut pour entretenir un feu des plus vifs sur la brèche, et les autres bouches à feu continuent d'être servies par un demi-armement.

Dans les assauts au corps de place, il importe de ne point mêler les défenseurs avec l'assiégeant, pour ne pas compromettre la sûreté des retranchements intérieurs et, lorsque l'ennemi y a pratiqué une brèche, l'assiégé doit être en mesure de résister encore derrière des barricades, seul moyen qui lui reste d'obtenir une capitulation honorable.

Les principes généraux que nous venons d'exposer touchant la défense des brèches seraient incomplets si nous ne parlions des retranchements intérieurs.

L'expérience a prouvé que lorsque les brèches au corps de place sont facilement accessibles, on ne saurait guère compter sur leur défense, sans qu'on les soutienne en quelque sorte par des retranchements intérieurs. Et cela se conçoit, car si l'assiégé ne possède aucun réduit où il puisse se réfugier après un assaut victorieux, il reste absolument livré à la merci du vainqueur. C'est une terrible chance à courir, surtout après les travaux laborieux et meurtriers d'une défense méthodique prolongée, dont l'effet sera toujours d'ébranler plus ou moins le moral des plus braves troupes, si énergiques qu'on les suppose. La prudence veut donc qu'aussitôt qu'on est fixé sur le point d'attaque, on construise un retranchement qui puisse servir de dernier appui à l'assiégé, raffermir la confiance du soldat dans ses moyens de résistance et imprimer à ses résolutions toute l'énergie possible.

Ces ouvrages sont susceptibles de recevoir des formes qui varient avec la capacité des bastions, la position des points que l'assiégeant peut battre en brèche, et les moyens de toute sorte dont la garnison dispose pour les construire pendant la durée du siége.

Leur exécution est des plus faciles, lorsque les bastions sont pleins; mais dans le cas contraire, ils peuvent exiger un tel relief pour être défilés du logement de l'ennemi sur la brèche, que l'assiégé ne parvienne à les élever qu'avec peine.

Afin de mieux fixer les idées sur le dispositif de cette défense intérieure, admettons l'hypothèse que le bastion est retranché d'une épaule à l'autre, ou entre les deux angles de courtine, par un front bastionné, précédé d'une petite demi-lune, comme on en trouve dans les planches du Mémorial de Cormontaingne, pour la défense, et voyons comment le général Rogniat conçoit alors les procédés défensifs de l'assiégé.

Armé d'artillerie sur ses flancs et sur ses faces, ce retranchement offrira un développement de ligne de feu assez considérable, que l'on garnira de fusiliers, à raison d'un mètre courant pour chacun d'eux, autant que possible.

Sa petite demi-lune sera défendue par une vingtaine d'hommes, afin d'empêcher l'assiégeant de pénétrer tout d'abord jusqu'à la poterne du retranchement, et comme complément de l'action de cet ouvrage sur la brèche, le général propose le dispositif suivant, qu'il n'est peut-être pas superflu de relater.

Il voudrait qu'on pratiquât dans le terre-plein de l'ouvrage attaqué, autour du sommet de la brèche, une petite tranchée disposée de manière à ne point donner de couvert contre les feux du retranchement en arrière et prolongée à droite et à gauche sur la banquette des extrémités du parapet non éboulé. On placerait dans cette tranchée une dizaine d'hommes destinés à y organiser des moyens matériels de défense, à rouler des bombes, des obus et à jeter des grenades sur les sapeurs assiégeants qui gravissent le talus de la brèche.

Cette tranchée recevrait, en outre, à droite et à

gauche, des détachements d'une quinzaine d'hommes d'élite, qui fusilleraient les sapeurs, ou leur enverraient des grenades, quand ils les apercevraient, et opposeraient une résistance de pied ferme à la colonne d'assaut. Cela n'empêcherait pas d'ailleurs d'user des moyens de défense par les mines.

Le général fait remarquer ensuite que dans la plupart des fortifications actuelles, l'assiégeant peut battre en brèche le corps de place, à la courtine en même temps qu'au bastion, car la courtine est aperçue du couronnement du chemin couvert, par l'intervalle compris entre le profil de la tenaille et le flanc du bastion.

Dans le système Cormontaingne, le réduit de place d'armes rentrante et la demi-lune, par son recouvrement de l'épaule du bastion, achèvent, il est vrai, de masquer la courtine contre les feux du couronnement, mais cependant l'assiégeant peut encore la battre en brèche, au moyen de quelques pièces placées dans le réduit de la place d'armes rentrante.

Les brèches aux courtines seraient plus dangereuses que celles aux bastions, si elles étaient aussi accessibles, car elles tournent les retranchements intérieurs de ces ouvrages et ne peuvent être elles-mêmes presque jamais retranchées. Mais elles ont peu de largeur et sont assez éloignées des débouchés de l'assiégeant pour qu'on puisse les considérer généralement comme étant fort difficiles à franchir. Toutefois, il n'en faut pas moins les défendre sérieusement.

Outre les moyens déjà indiqués, on disposera sur le flanc adjacent quelques hommes chargés de rouler des obus, des bombes et de jeter des grenades sur la colonne d'assaut. Un poste sera aussi établi derrière la tenaille ; couvert par une palanque élevée du profil de la tenaille à la courtine, il fusillera de revers l'attaquant. On le chargera en outre de déblayer le pied de la brèche et d'y former quelques fougasses, pour les faire jouer au moment de l'assaut. Ces précautions rendront très-difficile l'accès des brèches faites aux courtines, car l'assaillant sera en prise à des feux directs, verticaux, de flancs et de revers.

Les retranchements intérieurs ne sont pas indispensables à la défense des brèches aux demi-lunes comme ils le sont pour celles des bastions. Le succès de l'assaut n'y compromet pas, en effet, le salut des défenseurs, qui se réfugient dans le fossé, derrière la tenaille, pendant que les feux de la place, réunis sur les attaquants, rendent leur position fort dangereuse.

Cependant les retranchements facilitent la défense des demi-lunes et particulièrement les retours offensifs effectués pour chasser l'ennemi de son logement. Aussi Vauban et Cormontaingne placent-ils dans la demi-lune un réduit plus ou moins consistant, et lorsqu'il n'y existe point, on y supplée par une forte palanque, un blockhauss ou tout autre ouvrage en rapport avec les ressources de la place et le nombre de troupes que la garnison peut affecter à la conservation de la demi-lune. Si sa petite saillie n'oblige pas l'assiégeant à l'enlever avant d'insulter le corps de place, cela sera d'ailleurs moins nécessaire.

Un réduit de demi-lune à la Cormontaingne pourra loger 50 hommes, dont 15 seront répartis sur chaque flanc, le plus près possible des pièces placées au pan coupé du saillant, et 20 pour défendre les deux poternes et la gorge.

La défense des brèches aux demi-lunes est la même que celle des brèches aux bastions.

Le général complète sa méthode de défense des brèches, par la mise en action suivante.

Dès que l'assiégeant se dispose à attaquer, soit pied à pied, soit de vive force, les 10 hommes blottis dans la tranchée qui enveloppe le sommet de la brèche font rouler sur le talus des abatis et des chevaux de frise, reliés entre eux par des chaînes et de manière à pouvoir embrasser le mieux possible toute la largeur de la brèche. Ils sèment, en outre, une grande quantité de chausse-trapes et tiennent à leur portée une réserve de ces objets, pour remplacer ceux qui sont brûlés, détruits par les projectiles, ou qui tombent au pied de la brèche. Les mêmes hommes éclairent cette dernière pendant la nuit, au moyen de réchauds et, concurremment avec les deux détachements latéraux, l'inondent de grenades et de projectiles roulants, lorsque l'assiégeant en gravit le talus à la sape. Cette pluie d'éclats contraindra sans doute les sapeurs à suspendre leurs travaux par intervalles, afin de permettre aux feux du couronnement d'agir sur la brèche, dont les défenseurs se gareront de leur mieux des boulets et de la mitraille, en se tenant prêts à recommencer leur jet de projectiles creux sur les têtes de sape, aussitôt que l'ennemi recommencera ses travaux sur la brèche, où il recevra aussi le feu des hommes postés aux deux extrémités de la tranchée intérieure.

Quelques braves, se glissant dans le fossé pendant la nuit, pourront aussi attaquer le revers de la brèche, précipiter les sapeurs à son pied et culbuter leurs gabions mal assis sur un talus de décombres, en ne restant exposés eux-mêmes que fort peu d'instants aux feux incertains des logements de l'ennemi, car ces attaques devront s'exécuter très-rapidement.

Si l'assiégeant, rebuté des longueurs et des difficultés d'une attaque pied à pied, veut essayer de se loger de vive force sur la brèche, sa colonne d'assaut, embarrassée par les obstacles et les débris qui en encombrent le talus, ne le gravira qu'en désordre, sous une pluie de feux directs, de flanc et de revers. L'ennemi n'arrivera certainement que désuni au sommet de l'escarpement, d'où l'assiégé tâchera de le repousser par une vigoureuse attaque qui, alors même qu'elle ne réussirait pas entièrement, n'en laissera pas moins l'assaillant en prise aux feux de mitraille et de mousqueterie du retranchement, de même qu'à ceux de tous les ouvrages qui ont des vues sur la brèche. Si l'on considère en outre l'effet probable d'une charge à la baïonnette immédiatement après l'explosion des mines préparées d'avance, il semble qu'on doive réussir à chasser l'ennemi de la brèche et à renverser le commencement de son logement.

Le général a supposé, dans ce qui précède, que l'assaut pouvait être donné à la fois au corps de place et aux demi-lunes, ce qui aura lieu dans la plupart des cas où les bastions sont susceptibles d'être battus en brèche par les fossés des demi-lunes, et quand le peu d'ouverture des fronts d'attaque et la petite saillie des demi-lunes rendent le bastion accessible en même temps que ces ouvrages. Cependant, lorsque les fronts d'attaque sont très-ouverts et que les demi-lunes ont une grande saillie, il est peut-être permis, ajoute le général, de considérer comme peu attaquables les brèches pratiquées aux bastions, par les fossés des demi-lunes, à cause de la distance qui les sépare encore de l'assiégeant et des feux de flanc et de revers qui les protégent. Il se pourrait donc, dans ces circonstances, que l'assiégeant fût contraint de passer par une dernière période, pendant laquelle il aurait à s'établir au saillant du chemin couvert du bastion, pour contre-battre les flancs opposés ; plonger de son logement sur la demi-lune, dans les réduits des places d'armes rentrantes et les faire abandonner ; s'emparer du réduit de la demi-lune, après l'avoir mis en brèche ; déloger les défenseurs des coupures des demi-lunes ; s'approcher des brèches du bastion ; lui donner l'assaut et le couronner ; enfin, attaquer le retranchement intérieur.

Notre travail serait incomplet, si nous ne disions quelques mots sur les mines défensives, qui jouent parfois un rôle important dans la résistance des villes fortifiées. Chacun, au surplus, comprendra que, sur un tel sujet, il ne puisse être question ici que d'une exposition très-succincte des principes généralement admis à cet égard.

Lorsqu'une place est dépourvue de mines défensives, il convient, dès qu'elle est menacée d'un siége, d'en établir un petit système en avant des saillants susceptibles d'être attaqués et qui permettent ces travaux.

Il n'y a d'abord à s'occuper que des galeries principales, en avant de la contrescarpe ; le surplus ne se construit que lorsqu'on est parfaitement fixé sur le véritable point d'attaque.

Le mieux serait de tâcher d'avoir, sur chaque saillant de demi-lune, deux galeries parallèles à la capitale, reliées par un rameau, d'où partiraient d'autres rameaux, portant des fourneaux sous les cavaliers de tranchée, les sapes qui y conduisent, les batteries de brèche et les contre-batteries. Quand les moyens dont on dispose rendraient ce travail trop considérable, on se contenterait d'une seule galerie, d'où partirait un moindre nombre de rameaux, ou même on se bornerait à n'établir que des fourneaux sous les batteries du couronnement. Il convient d'entreprendre aussi une galerie majeure, sous la banquette communiquant vers le rentrant, ou simplement un moyen de retraite pour les mineurs, à travers le fossé.

La défense du bastion peut être organisée de la même manière. On complète, après l'ouverture de la tranchée, la défense des ouvrages attaqués, et l'on établit des fourneaux dans l'intérieur, sous les brèches, les logements que l'ennemi devra y former, et des fougasses sur les crêtes du glacis.

Tous les fourneaux en avant du saillant doivent être chargés avant que ne s'effectue le tracé de la troisième parallèle.

Lorsque l'ennemi s'avance méthodiquement vers la place, on lui laisse construire le T et les cavaliers de tranchée, puis on fait sauter successivement la communication, un cavalier, l'autre ensuite, et après chaque explosion, l'assiégé fait une vigoureuse sortie.

Quand l'ennemi aura couronné les entonnoirs, c'est de là qu'il partira ordinairement pour couronner le chemin couvert de vive force et entrer lui-même en galerie.

Il est de principe de ménager avec soin les mines et les fougasses établies sous les brèches, et surtout d'éviter de les faire jouer contre quelque fausse attaque. Ce n'est que lorsqu'il est impossible de chasser l'ennemi du terre-plein, qu'on a recours à ce dernier moyen de l'expulser.

On admet généralement qu'il faut, pour assurer une bonne défense de chaque front :

1° 124 fusiliers pour la garde de l'enceinte ; ils fournissent les postes des sentinelles réparties sur les remparts ; les postes des portes de la ville, les patrouilles et une vingtaine d'hommes pour être armés de fusils de rempart, plus une réserve de 50 hommes, toujours disponible. Mais comme le tour de service revient tous les trois jours, ce service exige donc. 372 hmes

2° 30 canonniers et au minimum 45 auxiliaires d'infanterie, qui ne suffiraient d'ailleurs qu'à l'armement de la moitié des pièces, si elles devaient toutes entrer en action simultanément. 75

3° 15 sapeurs du génie et 45 auxiliaires d'infanterie. 60

4° 25 cavaliers. 25

Total. . . . . . 532 hmes

5° Un dixième en plus pour les pertes et non-valeurs. 53

En tout. . . . . . 585 hmes

S'il existait quelque partie de l'enceinte qui fût inaccessible, ce nombre pourrait naturellement être réduit en raison des circonstances.

On estime qu'il faut en outre pour chaque lunette ou tout autre ouvrage avancé, de petite capacité et qu'il conviendrait d'occuper, 100 ou 150 hommes, et 300 hommes, pour un petit fort.

Il résulte donc de ces données qu'une garnison qui compterait par front 900 à 1000 hommes, serait en état de le défendre avec vigueur, ainsi que ses ouvrages avancés.

Nous nous sommes efforcé de restreindre autant que possible l'exposition des principes et des procédés tactiques admis, par les hommes spéciaux, pour la défense des places, à ce qu'il nous a paru nécessaire de dire pour en faire saisir le côté pratique, notamment en ce qui concerne la conduite des troupes. Il ne nous reste plus à faire qu'une observation, après avoir indiqué les règles que l'expérience conseille de suivre, c'est qu'en pareille situation il faut, pour rester à la hauteur de leur tâche, que chefs et soldats soient animés de nobles et courageuses résolutions. La guerre de siége est en somme une rude épreuve pour les braves comme pour les caractères le mieux trempés ; elle est souvent aussi une glorieuse école de dévouement et d'abnégation admirables.

Au chapitre précédent, nous avons dit que nous terminerions ce travail par quelques remarques sur le siége de Sébastopol.

Ce qui s'est passé devant cette place a pu induire peut-être à penser qu'une révolution dans la guerre de siége s'y était opérée. Nous ne le croyons pas, bien que, sans aucun doute, cette mémorable époque nous ait prodigué des enseignements dont nous saurions profiter, s'il nous arrivait d'avoir à défendre contre une armée de terre l'un de nos grands établissements maritimes.

Il doit nous suffire, pour le démontrer, de répéter l'opinion émise par le maréchal Niel, dans son bel ouvrage historique des opérations du siége.

« Sébastopol n'était, à proprement parler, qu'une vaste tête de pont, défendue par 1,500 bouches à feu de gros calibre, ayant des débouchés faciles et tirant surtout sa force de son immense armement et de sa garnison considérable, sans cesse renouvelée. »

Peut-être ne sera-t-il pas sans intérêt de relater rapidement les faits principaux de nature à faire saisir les particularités saillantes de l'attaque, et la manière dont les Russes ont conduit leur système de défense.

La première remarque à faire, c'est qu'ils ont remué des terres avec une activité prodigieuse, surtout au commencement du siége, pour étager ensuite de formidables batteries sur ces bastions improvisés.

Les armées alliées ouvrirent la tranchée, au sud de la place, à 6 heures du soir, le 9 octobre 1854; les Français à une distance d'environ 900 mètres, et les Anglais à 1,250 mètres. Les premières batteries des attaques furent établies fort près de la première parallèle, mais les Anglais construisirent en outre une batterie de canons Lancastre, située à 2,100 mètres du faubourg Karabelnaya, et ces pièces nouvelles, soit dit en passant, n'ont pas produit les résultats qu'on en attendait. Ce sont des obusiers de 22 centimètres, ayant l'âme engendrée par une ellipse dont le centre parcourt l'axe de la bouche à feu, tandis que chacun des autres points décrit une hélice. Le projectile, d'une forme à peu près ogivo-cylindrique, est muni, soit d'une fusée à percussion, soit d'une fusée métallique lente.

Dès le début du siége, on embusqua sur le front des travaux, des francs tireurs, qui prirent position dans de petits abris, depuis 4 heures du matin jusqu'à 6 heures du soir. Ils se rendirent si utiles, que le 18 décembre on en organisa trois compagnies de 150 hommes chacune, qui durent signaler les sorties et exécuter des coups de main contre les petits postes russes, fort gênants pour nos tranchées.

Leurs embuscades incommodaient beaucoup nos travailleurs ; elles consistaient en trous profonds d'un mètre à peu près, dont la terre jetée du côté des attaques formait un petit parapet surmonté de sacs à terre. Les hommes, en s'y tenant accroupis, étaient abrités contre la mousqueterie et même assez bien contre les feux de l'artillerie. Les embuscades les plus avancées étaient soutenues par d'autres abris plus rapprochés de la place, et lorsque les tirailleurs avaient à craindre une attaque sérieuse, ils se retiraient tous à un signal convenu, pour laisser les assaillants en prise aux feux des ouvrages. Plus tard, l'ennemi s'étant aperçu que les blessés ne pouvaient être secourus pendant le jour, relia les postes entre eux, ce qui lui constitua des contre-approches parallèles à l'enceinte.

L'ouverture de la tranchée française s'exécuta avec 800 travailleurs, relevés de 3 en 3 heures et protégés par 8 bataillons.

Lorsqu'on rencontrait le roc dans les tranchées, on arrivait à se construire promptement un abri artificiel, en plaçant deux rangs de gabions, surmontés de fascines et de sacs à terre.

La méthode adoptée d'abord pour relever les travailleurs fut trouvée vicieuse, et à partir du 21 octobre, ils ne furent plus relevés que toutes les 8 heures, à 6 heures du soir, 2 heures de nuit et 10 heures du matin. Cette période de travail parut cependant insuffisante, car, le 26 du même mois, on ne releva plus les hommes de tranchée que de 12 en 12 heures, de 6 heures du matin à 6 heures du soir, et ainsi de suite. Il devint de règle aussi de ne relever les gardes de tranchée qu'une heure après les travailleurs, pour éviter les méprises et l'encombrement.

Dans la nuit du 21 au 22 octobre, les travaux de sape débouchèrent du milieu de la première parallèle par un boyau de 240 mètres, et la deuxième fut amorcée, sur une longueur de 130 mètres. On protégea les boyaux de communication en avant de la parallèle par deux compagnies d'infanterie et 40 chasseurs à pied, déployés en tirailleurs à environ cent mètres en avant du boyau le plus avancé.

Les Russes avaient exécuté leur première sortie pendant la nuit précédente, avec à peu près 200 hommes. Ils nous enclouèrent six pièces.

À partir de janvier 1855, la garde de tranchée se composa de sept bataillons d'infanterie et d'un bataillon de chasseurs. On répartit en avant des ouvrages une compagnie de 150 francs tireurs, et 200 fusiliers furent placés dans le ravin des Anglais, pour relier les attaques de nos alliés aux nôtres. Deux compagnies de volontaires firent chaque nuit le service d'éclaireurs. De plus, il y eut un bataillon de piquet, près de la maison du clocheton, où il détacha deux compagnies, et un bataillon de 450 à 500 hommes mis en réserve en arrière de la première parallèle.

Constatons de suite que nous n'ouvrîmes pas moins de six parallèles, devant Malakoff et le petit redan. Il doit nous suffire de le rappeler, pour faire saisir les difficultés anormales qui ont rendu si lents les travaux du siége.

Indiquons aussi les diverses sorties que firent les Russes ; cela nous permettra d'apprécier leur système de défense à cet égard.

La première grande sortie eut lieu le 5 novembre 1854, à dix heures du matin, pendant que se livrait la bataille d'Inkermann.

Dans la nuit du 7 au 8 janvier 1855, 300 hommes se jetèrent sur la droite de la deuxième parallèle et furent repoussés.

Pendant la nuit du 11 au 12 janvier, 200 à 250 hommes agirent contre la troisième parallèle, et à une heure du matin eut lieu une seconde sortie, le même jour, contre la gauche des attaques anglaises et la droite des nôtres, sur la troisième parallèle ; une demi-heure ensuite, 350 volontaires russes réitérèrent leurs tentatives sur l'extrémité droite de notre troisième parallèle.

Toutes ces sorties furent repoussées, bien que l'ennemi eût fait usage de gaffes à crochets et de longues cordes plombées, pour atteindre nos hommes de loin et emmener ensuite les blessés. Ces moyens barbares soulevèrent l'indignation de tous nos soldats, et le général Osten-Sacken, à qui en écrivit notre général en chef, en fit immédiatement cesser l'emploi.

Du 19 au 20 janvier, à minuit, 23 volontaires russes attaquèrent la contrevallation ; une heure après, cinq compagnies d'infanterie et une centaine de matelots russes furent repoussés à la baïonnette, après un feu d'une heure, par les gardes de tranchée du 46e de ligne.

A la même époque, on plaça au pied du troisième gradin de la troisième parallèle, des piquets reliés par du gros fil de fer, pour faire trébucher l'ennemi dans ses tentatives pour surprendre les gardes de tranchées, qui probablement cédaient trop à leur ardeur, car le général en chef prescrivit de ne procéder plus désormais qu'en conformité des préceptes indiqués par Vauban. On devait laisser l'ennemi s'engager le plus possible dans les tranchées non terminées, afin de l'amener à découvert sous les feux meurtriers des parallèles et des places d'armes achevées, qu'il était prescrit de défendre à outrance, sans en sortir, jusqu'au moment où l'attaquant déconcerté se préparerait à la retraite. Alors seulement, il était permis de franchir le parapet pour combattre à l'arme blanche, en évitant toutefois de se laisser entraîner trop loin des tranchées.

Dans la nuit du 15 au 16 mars, à dix heures du soir, cinq à six cents volontaires russes font une sortie contre la troisième parallèle. Une compagnie du 10e bataillon de chasseurs à pied et une compagnie du 2e régiment de la légion étrangère les attendent immobiles dans la tranchée, ne les fusillent qu'à une petite distance, puis les chargent à la baïonnette et les accompagnent à coups de fusil. Les Russes abandonnèrent 29 cadavres, en se retirant, preuve incontestable des avantages produits par l'application des vrais principes.

A cette époque, nous n'étions encore arrivés qu'à six cents mètres de l'enceinte, distance à laquelle commencent ordinairement les premiers travaux de l'attaquant, et cependant que de difficultés n'eut-on pas à vaincre pour rejeter l'ennemi dans ses murs avant d'avoir pu ouvrir une nouvelle parallèle !

Dans la nuit du 17 au 18 mars, une sortie partie du mamelon vert nous mit 40 hommes hors de combat, mais elle fut cependant repoussée.

Enfin, du 22 au 23 mars eut lieu la seconde et dernière grande sortie, exécutée avec 14 bataillons, commandés par le général Krouleff. Une colonne de 11 bataillons, du 44e équipage de marine et d'un détachement du 35e équipage, se porta sur nos ouvrages d'approche du mamelon vert, en même temps que deux autres colonnes agirent contre les tranchées anglaises. L'une de ces colonnes comprenait quatre compagnies de volontaires grecs, vêtus en Albanais, et 260 chasseurs, sur la droite ; l'autre était forte de 4 à 500 hommes et opérait sur la gauche de ces attaques.

Nous n'avions alors dans nos ouvrages que 500 travailleurs, répartis sur divers points. Notre garde de tranchée n'était que de 4 bataillons, disposés comme il suit : 2 bataillons du 3e de zouaves, dans la parallèle; 1 bataillon du 11e de ligne, en réserve dans le ravin du carénage, et 1 bataillon de grenadiers de la garde, beaucoup plus en arrière, près de la batterie Lancastre.

Pourtant cette sortie fut repoussée, d'où il résulte que onze bataillons d'élite russes sont venus échouer contre trois de nos bataillons seulement, car celui de la garde ne donna point dans cette circonstance, attendu son éloignement du lieu de l'action.

Il nous a paru utile d'entrer dans les détails de cette sortie, parce que ses résultats témoignent en faveur du principe admis par le plus grand nombre, savoir : que les sorties de nuit doivent être faites avec peu de monde, sans quoi il est impossible de les bien diriger, à une certaine distance de la place. Elles ne voient plus bien alors le but et sont non-seulement désorientées, mais il arrive encore fréquemment que les moins braves profitent de l'obscurité pour se dérober au danger; souvent après avoir tiré sur leurs camarades.

En définitive, les Russes se sont bornés à harceler nos gardes de tranchée pendant la nuit ; ils n'ont opéré que deux grandes sorties : celle dont il vient d'être question et la sortie du 5 novembre 1854, qui se reliait évidemment avec la bataille d'Inkermann et dont l'exécution eut lieu à dix heures du matin, alors que le général Forey avait toute raison de se tenir sur ses gardes.

Si, comme le remarque M. le maréchal Niel, les Russes, profitant de leurs ressources extraordinaires, entretenues par le renouvellement incessant de la garnison, eussent adopté le système des grandes sorties, faites au commencement du jour, n'ayant affaire qu'à des soldats transis de froid et incapables par cela seul de faire le coup de feu, nul doute que leurs troupes d'élite, bien repues et abritées pendant la nuit, n'eussent obtenu des avantages marqués sur les nôtres.

Reproduisons à l'appui de cette opinion les arguments dont l'étaie l'historien éminent du siége.

Vauban disait qu'avant lui l'assiégeant devait être dix fois plus nombreux que l'assiégé, mais que de son temps on n'hésitait pas à attaquer avec une armée 6 à 7 fois plus forte, parce que les siéges ayant moins de durée, on pouvait ainsi fournir, sans trop de fatigues, une garde de tranchée égale aux 3/4 de la garnison et repousser conséquemment ses plus grandes sorties.

Cormontaingne règle le service des attaques en partant de ces mêmes principes, puisqu'il veut que les gardes de tranchée soient des 3/4 de la garnison et la cavalerie de l'attaquant plus forte d'un 1/3 que celle de l'assiégé.

Or, Sébastopol renfermait 40, 000 hommes, qui pouvaient être doublés à un moment donné; il aurait donc fallu, pour se conformer aux règles admises par nos deux plus illustres ingénieurs, que nos gardes de tranchée fussent de 30,000 hommes, ce qui était absolument impossible, car indépendamment des travailleurs de tranchée et de ceux des batteries, il nous fallait encore fournir du monde pour construire des routes, des hôpitaux, des magasins, décharger et transporter des vivres et des munitions, confectionner des fascines et des gabions, enfin, aller les chercher au delà de Balaclava.

C'est à peine, ajoute le maréchal, si nous pouvions mettre 3 à 4 bataillons de tranchée à chaque attaque, et encore étaient-ils séparés par de grandes distances ou des ravins profonds, ce qui s'opposait nécessairement à ce qu'ils se secourussent mutuellement. En fait, nos batteries n'étaient donc défendues que par 2,000 à 2,500 hommes, que l'ennemi aurait pu attaquer au point du jour, avec des forces décuples, parfaitement en mesure de refouler la garde des tranchées et de nous forcer à l'abandon de nos batteries ; car, bien qu'on eût corrigé autant que possible les inconvénients de notre situation, en plaçant quelques réserves en arrière, à proximité, dans des plis de terrain, l'artillerie formidable de la place nous avait contraints à camper au loin, de telle sorte qu'il était à craindre que nos renforts n'arrivassent pas assez à temps pour s'opposer à un premier mouvement de retraite, devant des attaques aussi disproportionnées.

Il semble donc que le maréchal ait eu toute raison d'écrire que Sébastopol devait surtout être défendu par de grandes sorties, et qu'elles eussent rendu le siége impossible. Lorsqu'en effet l'armée renfermée dans une place peut présenter une vraie bataille aux gardes de tranchée, il n'y a réellement qu'un blocus qui soit praticable. C'est là un principe admis par les hommes les plus compétents; il ne paraît pas avoir été pris en grande considération par nos adversaires, fort heureusement pour nous.

Jamais peut-être armée assiégeante n'avait eu à lutter contre tant de difficultés réunies. Le climat, la mer, les distances, la nature du sol où s'exécutaient nos travaux d'attaque, les épidémies meurtrières, l'impossibilité de trouver dans le pays, ni vivres, ni bois, ni fourrages, tout a fait de la guerre de Crimée une période mémorable pour nos armes et celles de nos alliés. Nos valeureux soldats y ont donné la mesure de leur excellent esprit et d'une intelligence militaire rare. Souvent leur courage stoïque, toujours allié à la plus brillante valeur, leur a fait surmonter des obstacles dont le passé offre peu d'exemples, et pourtant, le 8 septembre 1855, jour à jamais mémorable, juste 11 mois après l'ouverture de la tranchée, nos cheminements n'étaient parvenus qu'à 25 mètres du fort Malakoff et à 40 mètres du bastion n. 2, ou petit redan. Les attaques anglaises, à la même époque, étaient encore éloignées de 200 mètres du saillant du grand redan, et nos alliés déclaraient ne pas pouvoir pousser plus loin leurs cheminements.

Cette situation et d'autres considérations que nous exposerons ultérieurement firent décider l'assaut de Malakoff, dont la célébrité nous engage à relater le dispositif, d'après les documents dus au talent supérieur de M. le maréchal Niel.

Dès le 5 septembre, 814 bouches à feu tiraient dans les batteries alliées.

Le génie avait préparé pour l'assaut un système de ponts formés par des échelles juxtaposées et pouvant se jeter en moins d'une minute sur des fossés de 7 mètres de largeur, quelle que fût d'ailleurs leur profondeur. Trois compagnies d'infanterie devaient porter en outre, en tête des colonnes, 30 échelles de 3 mètres 50 centimètres à 4 mètres de longueur, et l'artillerie avait disposé des détachements munis des outils nécessaires pour enclouer et désenclouer les canons. Le génie avait aussi organisé des détachements de sapeurs, qui devaient frayer à notre artillerie attelée des passages dans les parapets des retranchements et ouvrir même une voie dans la courtine de la première enceinte, s'il en était besoin. Des mineurs avaient pour mission d'éventer les travaux souterrains des Russes.

Tous ces détachements divers prirent place dans les tranchées, à la droite du 2e bataillon de chaque colonne.

L'heure de midi fut choisie pour le moment de l'attaque, parce que jusqu'alors les actions de vigueur avaient eu lieu au point du jour, ou un peu avant la nuit, et que les généraux en chef pensèrent, d'après cela, qu'on aurait plus de chances de surprendre les Russes. On supposait aussi que de la sorte leur armée de secours manquerait de temps pour se former et se porter sur nos lignes, avant la nuit.

Il fut convenu que l'attaque s'exécuterait sans signal préalable, et les montres des chefs de tous les corps furent réglées sur celle du général en chef, de sorte qu'au même instant toutes les colonnes devaient s'élancer à l'assaut des ouvrages qu'elles avaient la mission d'enlever.

Nos mouvements de troupes dans les tranchées n'échappèrent pas aux Russes ; ils s'attendaient à être attaqués, mais ni l'heure, ni le point d'attaque ne leur étaient connus.

Croyant que nous agirions directement sur la ville et non contre le faubourg, le général Osten-Saken concentra ses principales forces aux environs du bastion du mât, et ne voulut pas qu'on les en éloignât.

A 8 heures du matin, le génie lança sur le bastion central 2 barils de 100 kilogrammes de poudre, qui éclatèrent dans l'ouvrage, et il fit jouer sous le glacis de Malakoff, un peu en avant de nos cheminements avancés, 3 fourneaux chargés de 500 kilogrammes de poudre chacun, afin de prouver aux troupes destinées à donner l'assaut qu'on était maître du terrain et, peut-être, détruire ou entraver les travaux du mineur russe.

A midi précis, le 1er de zouaves et le 11e de ligne s'élancent sur la face gauche de Malakoff, sautent dans le fossé, puis s'aidant les uns les autres, gravissent l'escarpe avec un irrésistible élan. Il n'y eut que les derniers arrivés qui profitèrent, pour passer, des ponts jetés par les sapeurs du génie.

Les autres détails concernant cette glorieuse affaire, où nos officiers, comme toujours, donnèrent un noble exemple à leurs soldats, seraient superflus ici. Bornons-nous donc à dire que la prise de Malakoff nous coûta seule 2,090 hommes mis hors de combat, et qu'en y comprenant ceux qui furent atteints dans les attaques de la ville et du faubourg, ce chiffre s'éleva à 7, 567 hommes. Si à cela l'on ajoute les pertes des Anglais, 2,447 hommes et 41 Sardes, on trouve que les armées alliées eurent dans cette journée 10,055 hommes tués ou blessés.

Quant aux Russes, leurs rapports officiels constatent qu'ils comptèrent 11,690 officiers ou soldats mis hors de combat.

Ainsi donc 21,574 hommes ont été atteints par le fer ou par le feu, dans les 2 camps !

Sébastopol, dit le maréchal Niel, était un vaste camp retranché, défendu par des fortifications de campagne à grand profil. Cette ville, répétons-le, tirait sa force de son immense armement et de ses libres communications au dehors.

Malakoff a été enlevé, il est vrai, sans qu'on ait couronné son chemin couvert, opération la plus difficile et la plus meurtrière de tous les travaux d'un siége. Mais il était inutile de l'effectuer, puisque, ni les fossés, ni les parapets n'étaient infranchissables.

Il y a lieu de considérer en outre que l'absence de murs d'escarpes forçait les Russes à maintenir en permanence, à la gorge des ouvrages, de nombreuses réserves, sans cesse décimées par l'artillerie des attaques.

Ces réserves pouvaient sortir à toute heure, par de larges issues, pour assaillir nos tranchées, sans avoir à passer par les étroits défilés que forment les places revêtues. C'était là surtout leur avantage, qui ne paraît pas avoir été parfaitement compris de nos adversaires.

Quoi qu'il en soit, toujours est-il qu'ils n'en ont pas moins su acquérir l'estime des gens de cœur, et que le moindre sentiment hostile n'a survécu à cette grande lutte où, de part et d'autre, ont été prodigués l'héroïsme, le courage et le dévouement.

La tâche que nous nous étions imposée est terminée. Qu'on nous permette de dire cependant que notre désir d'être utile à nos camarades de l'armée de mer a pu seul nous enhardir à affronter les écueils de la publicité. Aussi osons-nous espérer, qu'à défaut d'autre mérite, il nous sera tenu compte du mobile auquel nous avons obéi, en essayant de vulgariser des notions qu'il n'est actuellement possible d'acquérir qu'au prix de beaucoup de temps et d'études, car elles sont disséminées dans une foule d'ouvrages fort longs à consulter.

TABLE DES MATIÈRES.

LIVRE TROISIÈME.

De l'artillerie en campagne : de l'établissement des batteries de côte et des goulets; notions générales sur la guerre de siége.

CHAPITRE VI.

Défense.

FIN DE LA TABLE ET DU TOME SECOND.

EXTRAIT DU CATALOGUE

DE LA

LIBRAIRIE MILITAIRE DE J. DUMAINE,

SEUL CHARGÉ DE LA VENTE

DES CARTES, PLANS ET OUVRAGES DU DÉPÔT DE LA GUERRE.

30, rue et passage Dauphine.

Allaize, **Billy** et **Boudrot**, professeurs de mathématiques. — Cours de mathématiques rédigé pour l'usage des écoles militaires, d'après les ordres de M. le général Bellavène ; 4e édition, revue et augmentée par M. Puissant. Paris, 1853, 1 vol. in-8, avec 13 planches. 7 fr. 50

Annuaire de la marine (année 1860). Un vol. in-8. Prix : 2 fr. (On fournit également les années antérieures à 2 fr. chaque.)

Bellefonds (Alf. de), commis de 1re classe au ministère de la guerre. — Guide à l'usage des militaires et marins voyageant isolément, soit à leurs frais, soit au compte de l'État, sur les chemins de fer, avec tarifs militaires pour hommes, chevaux, bagages, etc.; 2e édition, revue, corrigée et augmentée. Paris, 1857, in-18 de 72 pages. 50 c.

Bigot de Morogues (le vicomte Sébast.-Fr.), lieutenant général des armées navales. — Tactique navale, ou traité des évolutions et des signaux. Paris, 1763, 1 vol. in-4, avec 49 planches. 15 fr.

Bonnefoux (de) et **Paris**, capitaines de vaisseau. — Dictionnaire de marine à voiles et à vapeur. 2e édition. Paris, 1856, 2 vol. gr. in-8, avec planches. 40 fr.

— Marine à voiles. 1 vol. grand in-8, avec 7 planches. 20 fr.

— Marine à vapeur. 1 vol. gr. in-8, avec planches. 20 fr.

Bonnefoux (P.-M.-J., baron de), capitaine de vaisseau. — Nouvelles séances nautiques, ou traité élémentaire du vaisseau à la mer. 2e édition, revue et augmentée. Paris, 1827, in-8. 7 fr. 50

—Manœuvrier complet ou traité des manœuvres de mer, soit à bord des bâtiments à voiles, soit à bord des bâtiments à vapeur. Paris, 1852, 1 vol. in-8 de 580 pages, avec figures dans le texte. 7 fr.

Bouet-Willaumez (E.), le contre-amiral comte. — Batailles de terre et de mer, jusques et y compris la bataille de l'Alma. 1 vol. in-8, orné de 70 planches ou gravures de batailles, vaisseaux, costumes, etc., etc. Dessins de MM. O. Barbier, E. Roux. Gravures de A. Belhatte. 9 fr.

Circulaires et **Règlements** d'Administration publique pour l'exécution de la Loi du 16 avril 1855 et du Décret du 8 janvier 1856 relatifs à la création de la *Dotation des armées de terre et de mer*, au rengagement, au remplacement et aux pensions militaires. Un vol in-18. 1857. 1 fr. 25

Code de justice maritime, comprenant le Code de justice militaire pour l'armée de mer, avec le sénatus-consulte, les décrets d'exécution, les instructions et les formules qui s'y rattachent ; le Code d'instruction criminelle ; le Code pénal ordinaire ; le Code de justice militaire pour l'armée de terre ; les lois et décrets sur l'état des officiers, la Légion d'honneur, l'état de siége, la déportation, l'exécution de la peine des travaux forcés, l'abolition de la mort civile, la sûreté de la navigation et du commerce maritime, le décret-loi disciplinaire et pénal pour la marine marchande, avec les instructions et formules y relatives. Paris. Impr. impériale. 1858. 1 vol. in-8 de 824 pages. 7 fr.

Code de justice militaire pour l'armée de mer (4 juin 1858). Publié avec l'autorisation du Ministre de la marine. Un vol. in 18. 1 fr.

Cornibert, colonel d'artillerie de marine. — Guide du canonnier marin, ou manuel de l'artillerie à bord des vaisseaux de l'État. Nouvelle édition, corrigée et augmentée de tous les changements survenus depuis 25 ans dans l'artillerie de la marine ; par M. Roche, professeur à l'Ecole d'artillerie au port de Toulon. 1 vol. in-8. 12 fr.

Décret sur le service à bord des bâtiments de la flotte (15 août 1851). Un vol. in-18. 1854. (3e tirage.) 2 fr. 50

Décret sur le service intérieur des divisions des

équipages de la flotte (3 décembre 1856). Un vol. in-18, 1857. 2 fr.

Décret sur l'Organisation du personnel des équipages de la flotte (5 juin 1856). Un vol. in-18 1867. 2 fr.

Décret portant Règlement sur la solde, les revues, l'administration et la comptabilité des équipages de la flotte (11 août 1856). Un vol. in-18. 1857. 2 fr.

Douglas (le général sir How.). — Traité d'artillerie navale, contenant un exposé succinct de la Théorie du pendule balistique et des expériences de Hutton ; les principes fondamentaux de l'artillerie, appliqués particulièrement à l'artillerie navale ; l'exercice des bouches à feu à bord des vaisseaux français ; la composition de la poudre ; la théorie du tir à la mer ; les tables des portées des canons et des caronades, et des observations sur la tactique des combats singuliers ; traduit de l'anglais, avec des notes par M. Charpentier. Paris, 1826, 1 vol. in-8, avec 5 planches. 7 fr.

— *Idem.* Traduction de la *troisième partie*, par F. Blaise, chef d'escadron d'artillerie, suivie de notes du traducteur. Paris, 1853, 1 vol. in-8 avec 2 planches. 7 fr. 50

Étroyat (Ad. d'). — Embarcations des navires de guerre et du commerce. 1856, 1 vol. gr. in-4, avec atlas in-fol. de 15 planches. 10 fr.

Exercice du révolver (Annexe au Manuel du marin fusilier), publié par ordre de S. Exc. le Ministre secrétaire d'Etat de la marine. In-18, 1860. 20 c.

Expériences d'artillerie exécutées à Lorient, à l'aide des pendules balistiques, par ordre du ministre de la marine. Paris, 1847, 1 vol. in-4, avec tableaux. 8 fr.

Histoire des combats d'Aboukir, de Trafalgar, de Lissa, du cap Finistère et de plusieurs autres batailles navales depuis 1798, ou notions de tactique pour les combats de mer. Paris, 1829, 1 vol. in-8. 8 fr.

Lafay, capitaine d'artillerie de marine. — Aide-mémoire d'artillerie navale, *imprimé avec l'autorisation du ministre de la marine et des colonies.* Paris, 1850. 1 fort vol. in-8, de plus de 700 pages, accompagné de 50 pl. gravées avec soin. 15 fr.

Laignel (G.). — Code pénal de la marine anglaise, traduit de l'anglais, et publié avec des additions et des notes. Paris, 1837, in-8. 2 fr.

Leplat-Duplessis, aide-commissaire de la marine. — Indicateur alphabétique des décisions ministérielles et des articles *des lois, décrets, ordonnances, règlements et instructions* qui régissent actuellement les diverses parties du service *à bord des bâtiments de l'État ;* publié avec l'autorisation de S. Exc. l'amiral Ministre de la marine, à l'usage de MM. les officiers de vaisseau et de MM. les officiers du commissariat de la marine. Gr. in-8, 1859. 9 fr.

Manuel du Marin fusilier, contenant : 1° la formation des bataillons ; 2° l'école du soldat ; 3° l'instruction sur le tir ; 4° l'exercice du sabre et du pistolet ; 5° la nomenclature et l'exercice du canon ;

6° l'école de peloton ; 7° l'école de bataillon ; 8° l'instruction pour les tirailleurs ; 9° un extrait du service intérieur à bord des bâtiments de la flotte ; 10° un extrait du service de l'infanterie dans les places ; 11° un extrait du service des armées en campagne, (Publié avec l'autorisation de M. le Ministre de la marine et des colonies). Un vol. in-18 avec gravures dans le texte, cartonné en parchemin. 1859. 2 fr.

Manuel du matelot-canonnier, publié par ordre de S. Exc. le Ministre de la marine. Deuxième édition, 1859 ; in-12, cart. en parchemin. 3 fr.

Millet (A.), capitaine d'infanterie de marine, Chevalier de la Légion d'honneur.—Cours de Tir à l'usage des officiers et des sous-officiers ; publié avec l'autorisation de M. le Ministre de la marine et des colonies. Un vol. in-18. 1857. Cartonné en parchemin. 2 fr. 50

Montgéry (de), capitaine de frégate. — Règles de pointage à bord des vaisseaux, ou remarques sur ce qui est prescrit à cet égard dans les exercices de 1808 et 1811 ; suivies de notes sur diverses branches de l'artillerie en général et en particulier de l'artillerie de marine ; 2e édition, augmentée de tableaux de pointage. Paris, 1828, 1 vol. in-8, avec 2 planches. 5 fr. 50

Ordonnance du 22 juin 1847 portant Règlement sur la solde, les revues, l'administration et la comptabilité des corps de troupe de la marine, nouvelle édition annotée de toutes les disposition survenues jusqu'à ce jour, et suivie des tarifs de solde. Un vol. in-18. 1859. Prix. 2 fr.

Poterat (le marquis de). — La théorie du navire. Paris, 1826, 2 vol. in-4, avec 5 pl. 30 fr.

— Traité pratique à l'usage des marins, contenant la description des opérations, mouvements et manœuvres qui ont lieu journellement à bord des vaisseaux, ainsi que l'exposition des principes déduits de la théorie, qui peuvent en faciliter et en assurer l'exécution. Paris, 1826. 1 vol. in-8. 4 fr.

Règlement sur le service intérieur à bord des bâtiments de la flotte (annexé au décret du 15 août 1851). Un vol. in-18. 1857. 2 fr. 50

Richard (G. Tom.), ingénieur, professeur au Conservatoire impérial des arts et métiers.—Tables des sinus, cosinus, tangentes, cotangentes naturels, de minute en minute, le rayon du cercle étant 1,0000000 (extrait de l'*Aide-Mémoire des ingénieurs civils*). Nouvelle édition, Paris 1857, br., in-8. 1 fr. 50

Richild Grivel, lieutenant de vaisseau. — Attaque et bombardement maritimes avant et pendant la guerre d'Orient. — Sébastopol. — Bomarsund, — Odessa.—Sweaborg.—Kinburn. 1 vol. in-8. 2e édition. 1857. 3 fr.

Rivière (H.), lieutenant de vaisseau, Chevalier de la Légion d'honneur. — La marine française sous le règne de Louis XV. 1 vol. in-8. 1859. 3 fr.

Roche (A). — Traité de balistique appliqué à l'artillerie navale. *Première partie* : Notions préliminaires et applications. Paris 1841, 1 vol. in-8 avec planches. 5 fr.

Tactique navale. (Ministère de la marine et des colonies). Extrait comprenant : 1° les instructions générales; 2° les principes pour la chasse; 3° la tactique navale à vapeur et à voile. Un vol. in-18, avec 166 figures. 1857. 3 fr.

Tripier (Louis), avocat à la Cour impériale de Paris, docteur en droit. — Code de justice militaire pour l'armée de mer, expliqué par l'exposé des motifs, le rapport, la discussion au Corps législatif, et les instructions de S. Exc. M. le Ministre de la marine; suivi : 1° *des Sénatus-consultes* et décrets impériaux d'application et d'exécution; 2° *de la loi du* 10 *avril* 1825, et du décret disciplinaire et pénal pour la marine marchande, du 24 mars 1852; 3° des modèles de formules du ministère de la marine; 4° d'une table chronologique et d'une table alphabétique des matières. 1 fort vol. in-8. 8 fr.

Vial de Clairbois, chef de constructions navales et directeur des études de l'Ecole d'application du génie maritime. — Dictionnaire de la marine (Encyclopédie méthodique). 4 vol. in-4, et atlas de 175 planches.

Willaumez (J.-B.-Philibert), vice-amiral et pair de France. — Dictionnaire de marine; 3e édition, corrigée et considérablement augmentée. Paris, 1831, 1 vol. in-8, avec 8 planches. 15 fr.

— *Idem*, avec les 157 pavillons, etc. 18 fr.

Zéni et **Deshays**, officiers supérieurs d'artillerie de la marine française. — Renseignements sur le matériel de l'artillerie navale de la Grande-Bretagne et les fabrications qui s'y rattachent, recueillis en 1835; publiés avec l'agrément du ministre de la marine et des colonies. Paris, 1840, 1 vol. in-4, avec atlas in-fol. 30 fr.

Paris.—Impr. de Cosse et J. Dumaine, rue Christine, 2.

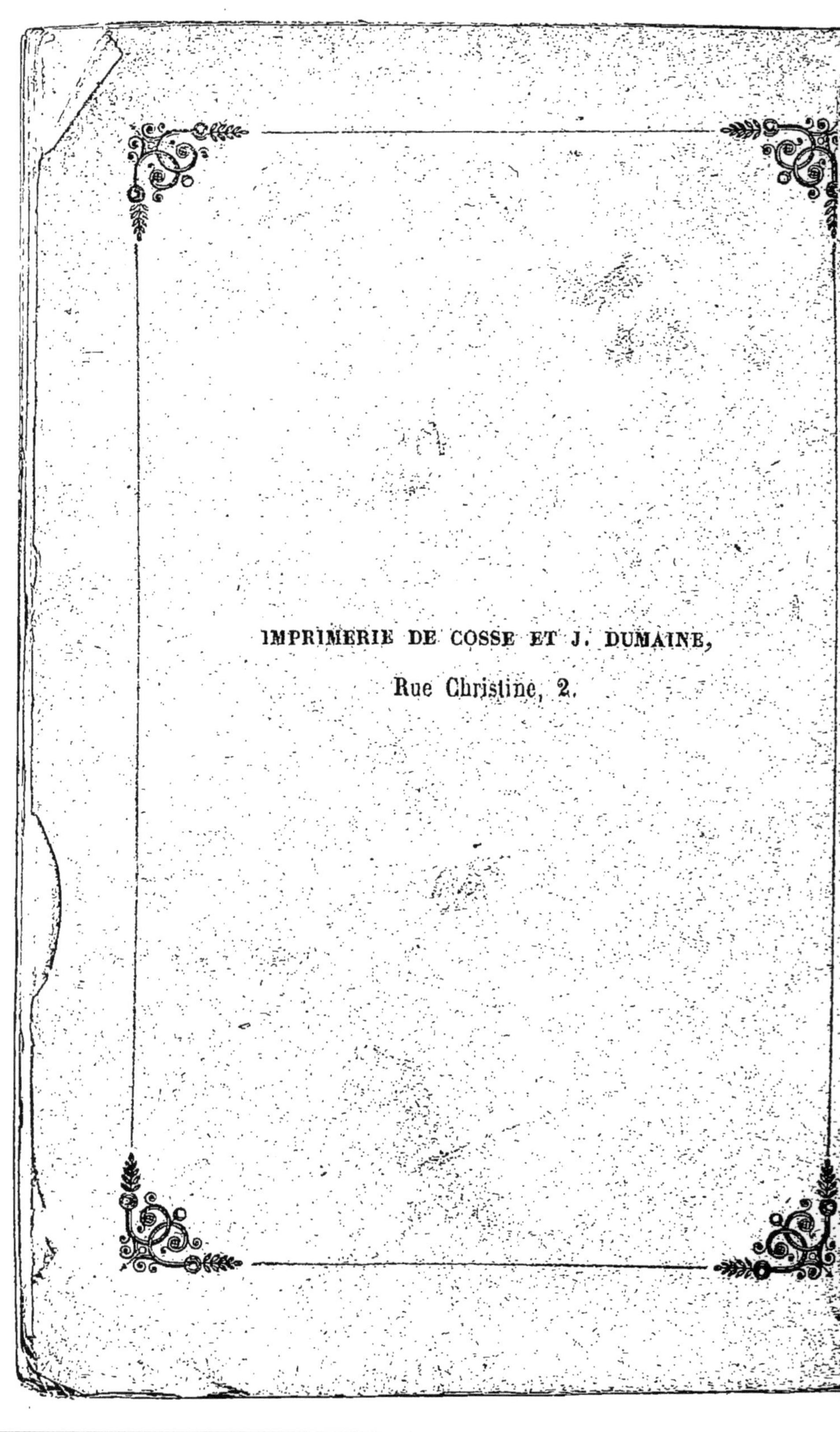

IMPRIMERIE DE COSSE ET J. DUMAINE,
Rue Christine, 2.

www.ingramcontent.com/pod-product-compliance
Ingram Content Group UK Ltd.
Pitfield, Milton Keynes, MK11 3LW, UK
UKHW022054260726
13993UKWH00001B/101

9 782019 970130